KB136792

학급 혁명
10일의 기록

# 학급 혁명 10일의 기록

**초판 1쇄 인쇄** 2019년 1월 11일
**초판 1쇄 발행** 2019년 1월 16일

**지은이** 따돌림사회연구모임 초등우정팀
**펴낸이** 김승희
**펴낸곳** 도서출판 살림터

**기획** 정광일
**편집** 조현주
**디자인** 김경수

**인쇄 · 제본** (주)현문
**종이** 월드페이퍼(주)

**주소** 서울 양천구 목동동로 293, 22층 2215-1호
**전화** 02-3141-6553
**팩스** 02-3141-6555

**출판등록** 2008년 3월 18일 제313-1990-12호
**이메일** gwang80@hanmail.net
**블로그** http://blog.naver.com/dkffk1020

ISBN 979-11-5930-087-5 (03370)

* 책값은 뒤표지에 있습니다.
* 잘못된 책은 바꾸어 드립니다.
* 이 책은 저작권법에 따라 보호를 받는 저작물이므로 무단 전재와 복제를 금합니다.

# 학급 혁명
# 10일의 기록

교실 평화를 위한 새 학기 평화학습 활동 지도자료

따돌림사회연구모임 초등우정팀 지음

살림터

우리의 책이 교육의 대전환을 위한
창조의 불씨가 되길 바라며

　　교사가 된 후 교육현장에서 느끼는 가장 큰 어려움은 학습과 생활
지도에서 느끼는 괴리감이었습니다. 학생들 간에 이루어지는 무관심
과 따돌림, 지배적인 문화는 크고 작은 폭력의 문제를 만들어 내곤
하였습니다. 아이들은 싸우면서 큰다지만 학교폭력의 본질은 이런 자
연스러움과는 차원이 다른 문제였습니다. 지역이 바뀌면, 학교가 바
뀌면, 학년이 바뀌면 해결될 수 있는 문제라고 생각한 적도 있었습니
다. 하지만 유형이나 사례가 다를 뿐 어느 곳을 가든, 어떤 학생들을
만나건 학교폭력 문제는 항상 존재했습니다. 아주 평온해 보이는 학
급일지라도 학생들은 인간관계에 만연한 따돌림 문제에 대한 부담과
두려움을 가지고 있었고, 따돌림당하기 전에 스스로를 고립시키는
아이들도 늘어 갔습니다. 발달불균형과 경계선상의 아이들이 점차
늘어 가는 학급에서 학교폭력 문제란 한두 차례의 예방 교육으로 해

결될 리 만무한 어렵고도 고통스러운 과제가 되었습니다. 끝없이 반복되는 학급의 상황은 교사로서의 삶을 무척이나 우울하고 무기력하게 만들었습니다.

수업, 학급운영, 생활지도를 오가며 소진될 정도로 에너지를 쏟아붓는데 밑 빠진 독처럼 채워지는 것 없이 흩어지기만 하였습니다. 도대체 무엇이 잘못된 것일까? 비관주의자의 체념과 우울, 개인주의적인 자기기만과 합리화를 오가는 사이 본의 아니게 교사 자신이 폭력의 가해자, 방관자, 동조자, 피해자가 되어 학교폭력 구조를 더욱 단단하게 만들 수도 있다는 생각에 정신이 번뜩 차려졌습니다. 개입하지 않는 것조차도 개입이었습니다. 외면하고 회피할수록 교사로서의 정체성은 극심하게 흔들리고 짓눌리고 있다는 사실을 깨달았습니다.

절망과 수치심으로 푹 숙여진 고개를 들고 가만히 주위를 둘러보니 나와 같이 힘들어하는 교사들이 많았습니다. 그러나 대부분의 초등 교사들은 각자의 전투에서 쌓아올린 자기만의 방식에 익숙했고, 그것을 교류하고 함께 연구하는 일이 생각처럼 쉽지 않았습니다. 그래서 이 책을 함께 집필한 초등우정팀이 만들어지기까지 꽤 오랜 세월이 걸렸습니다. 어렵게 팀을 이룬 우리들은 처음엔 널리 소개된 다양한 예방 교육 프로그램들을 학급에 투입해 보는 노력을 기울였습니다. 프로그램을 투입할 당시엔 뭔가 달라지는 것 같았지만 효과는 그리 오래가지 않았습니다. 뚜렷한 목표와 방향, 과학적 체계 없이 마구잡이로 끼워 넣는 프로그램들은 학생들의 마음에 닿지 못한다는 것이 가장 본질적인 문제로 다가왔습니다.

새로운 프로그램을 개발하기에 앞서 우리는 따돌림사회연구모임의 이론적 바탕이 되는 인정이론을 깊이 고찰해 나가는 과정이 필요했습니다. 인정이론은 사회 현상을 설명하는 일반 이론입니다. 일반 이론이란 학교폭력 문제, 교권 문제, 생활규정 문제, 정치경제 문제, 가정 문제 등 모든 인간관계, 사회관계에 적용 가능한 이론을 말합니다. 따돌림사회연구모임은 1990년대 이후부터 대표인 김경욱 선생님을 중심으로 학생생활교육 전반에 인정이론을 적용해 나갔습니다. 처음엔 가설에 불과했지만 오랜 시간 교육현장에 적용하고 검증하는 과정을 통해 인정이론이야말로 요즘 학생들의 문화와 심리를 이해하는 매우 타당하고 과학적인 열쇠어라는 결론에 이르렀습니다. 또한 학교폭력이 학생들의 인정욕망과 인정투쟁이라는 심리적 원인에 의해 주요하게 작동된다는 사실도 발견했습니다.

우리는 이와 같은 따돌림사회연구모임의 연구 성과를 초등 교실에 적용해 나감으로써 무질서하고 혼란스러운 학급의 얼굴 뒤에 가려져 있는 학생들의 인정욕망과 집단역동을 깊이 이해해 갔습니다. 새로운 발견과 깨달음이 더해질수록 학교폭력 문제를 대처하는 전투력은 점점 강해졌습니다. 그러나 학교폭력은 무엇보다 예방이 관건이었습니다. 몇 차례의 예방 교육은 형식적인 수준에 그칠 뿐이어서 교육과정 전반을 통해 학급생활에 평화를 뿌리내리는 유기적인 교육이 필요했습니다.

우리는 따돌림사회연구모임이 추구하는 평화적 공화주의에 주목했습니다. 교육제도에서 요구되는 평화적 공화주의는 교육 집단의 목표를 평화롭고 화목하게 살아가는 것으로 바라보는 것입니다. 더 나아가 건강한 내부 역량으로 외부 세계와의 평화적 연대를 추구하는 것입니다. 평화적 공화주의에서 요구되는 정의와 평등은 공공선을 추구하며 약자의 편에 서는 정의이며, 집단 구성원이라면 누구나 자신의 고유한 영역에서 사회적 인정을 얻을 수 있는 다원적 평등이라 할 수 있습니다. 그러므로 학급에서는 집단 구성원들의 이해와 욕구, 인정욕망이나 영향력을 적절히 나누고 견제하면서 평화를 위한 비지배적 문화를 함께 만들어 가는 과정이 반드시 필요합니다.

어쩌면 우리에게 익숙한 단어는 평화적 공화주의보다는 민주주의일 것입니다. 대부분의 교사들은 공교육의 목표가 민주시민을 양성하는 것이므로 학급도 민주적으로 만들면 대부분의 문제를 해결할 수 있다고 생각합니다. 그러나 학교에서 실시되는 직접민주주의의 기제들은 형식화되거나 명맥만 유지하고 있는 형편입니다. 학생자치나 민주시민교육을 더욱 강화해야 한다는 목소리도 많지만 지금 당장 직접민주주의를 보완한다고 해서 학급에서 일어나는 문제들을 해결할 수 있을지는 모르겠습니다. 거의 모든 학급 집단이 또래 집단으로 분열되어 있거나 비공식적인 서열구조로 이루어져 있으며, 교육과정 운영이나 학급운영 역시 프로그램 나열식으로 분절되어 있기 때문입니다. 이에 따돌림사회연구모임은 평화적 공화주의가 여러 가지 기제를 통해 직접민주주의 요소를 강화할 수 있다고 보았습니다.

학급을 평화롭게 만든다는 것은 교실을 안전하게 만드는 것이며, 학생들에게 평화롭게 살아가는 방법을 몸소 경험하고 체득하게 하여 삶에 필요한 실제적인 역량을 키워 주는 것입니다. 이와 같은 과정을 통해 학생들은 평화로운 학급의 주체로 설 수 있으며, 민주시민으로 성장해 나갈 수 있습니다. 한국 사회가 진정한 민주공화정을 이루기 위해선 학생들이 학급 안에서 그것이 구체적으로 실현되는 경험을 할 수 있어야 합니다. 무릇 교육이란 미래를 위한 준비이면서 동시에 '지금 여기'에서 펼쳐지고 있는 학생들의 생활 세계를 변화시키고 자극하는 힘으로 작용해야 하기 때문입니다.

우리는 평화적 공화주의 학급이 추구하는 주요 가치를 중심으로 학생들의 평화욕망과 의미욕망을 이끌어 내야 한다고 생각했습니다. 인간에겐 인정받고 싶은 욕망도 있지만 평화롭게 살고 싶다는 욕망과 의미를 추구하려는 욕망이 존재하기 때문입니다. 따돌림사회연구모임은 학생들의 인정욕망과 평화욕망, 의미욕망을 자극하고 키워 줄 수 있는 가치를 권리, 평화, 화목, 우정으로 보았습니다. 초등우정팀은 이것을 '권평화우'라 칭하고 일정한 부류의 학생들에게만 적용되는 요법이나 개별화 교육 방법이 아닌 교육과정과 학급운영에 적용한 일반 교육 방법을 연구하기 시작했습니다.

우리는 기존의 프로그램이나 연구 자료들을 참고하되 전적으로 의존하지 않고 비판적으로 적용하면서 권리, 평화, 화목, 우정의 관점으로 재창작해 나갔습니다. 재창작은 기존의 것을 답습하거나 부분적으로 바꾸는 것으로부터 전혀 다른 것으로 전체를 바꿔 내는 것이었습니다. 보통 한 사람의 아이디어로 창작되는 것과 달리 한 사람의 아이디어에 여러 사람의 아이디어가 더해지면 함께 적용해 보고, 재수정, 재보완 작업을 거쳐 완성해 갔습니다.

교과서를 분석하여 교육과정을 재구성하고 보다 효율적으로 운영할 수 있는 방법도 찾아 나갔습니다. 학급의 여건과 상황을 고려하여 차시 재구성, 교과 단원 재구성, 교과 통합 재구성 등 교사별로 다양한 도전이 이어졌습니다. 주어진 교과 내용을 가르치고 평가하는 것만으로도 벅찬 초등 교사들에게 재구성의 과제는 무척이나 난해하고 번거로운 작업이었습니다. 그러나 우리에게 주어진 열악한 초등교육과정의 현실을 돌파하려면 교사 수준의 교육과정 재구성 과정이 절대적으로 요구되었습니다. 2015년부터 시작된 교육과정 연구 실천 과정을 통해 우리는 권리, 평화, 화목, 우정의 가치가 교사, 학생, 학부모의 상생적인 교류를 활성화하고, 우리의 삶을 돌아보게 하며, 새로운 전환을 가능하게 한다는 사실을 거듭 확인할 수 있었습니다.

학교폭력으로 시작된 지난한 성찰의 과정은 결국 우리에게 교육의 본질이 무엇인지, 공교육의 정상화란 무엇인지, 교사 수준의 교육과정은 어떻게 운영되어야 하는지에 대한 총체적인 문제의식을 던져 주었습니다. 핵심역량 교육의 중요성이 대두되는 시대이지만 학교현장의 실태를 정확히 파악함으로써 공교육에서 우선되는 역량 교육이 무엇인지 선택하고 집중해야 합니다. 공교육에서 가장 중차대하고 절대적인 목표는 평화 역량이 되어야 합니다. 뚜렷한 방향이나 단계 없이 핵심역량을 키운다는 계획은 원대하지만 막연한 목표에 불과합니다. 학생들에게 꼭 필요한 기본 역량이 무엇이어야 하는지 우선되는 것들을 중심으로 공교육을 변화시켜 나갈 때 무너지는 공교육과 표류하는 교사 정체성을 되살릴 수 있을 것입니다. 평화를 지향하는 권리, 평화, 화목, 우정의 기본 역량 교육은 이 시대 교육의 훌륭한 길잡이 역할이 되어 줄 수 있다고 확신합니다.

우리는 고통과 절망에 빠져 있는 교사들과 지금까지의 연구 성과를 나누고 싶었습니다. 그러나 우리의 내용을 처음 접하는 교사들에게 그간의 자료를 모두 소개하고, 그만큼의 실천을 권하는 것은 무리라고 판단했습니다. 우리는 교사들이 초등우정팀의 책을 통해 새로운 실천을 시작할 때 최대한 시행착오를 줄이고, 효능감도 느낄 수 있는 출판 기획이 필요하다고 생각했습니다. 그런 까닭에 『학급 혁명 10일의 기록』은 평화로운 교사의 기틀을 위한 새 학기 평화학습 활동을 중심으로 펴내게 되었습니다.

앞서 출판된 따돌림사회연구모임 초등우정팀의 첫 번째 책 『교실, 평화를 말하다-교육의 대전환, 권리·평화·화목·우정 교육으로 초등

교육 확 바꾸기』에서는 우리 교육이 전환해 나가야 할 구체적인 방향을 교사들의 에세이를 통해 비판적으로 제시하고자 했습니다. 이어서 『학급 혁명 10일의 기록』을 통해 따돌림사회연구모임의 이야기 학급운영의 입문 과정을 소개하게 되었습니다. 앞으로의 연구 실천 계획은 『교실, 평화를 말하다』에서 제안한 평화로운 학급의 기본 원리인 권리, 평화, 화목, 우정의 목표를 초등교육과정 안에서 더욱 풍부하게 재구성해 나가는 것이며, 더 나아가 초등예술교육의 가능성과 전망을 밝혀 나가는 것입니다. 따돌림사회연구모임 초등우정팀 교사들의 우정과 상생을 통해 초등교육에 필요한 뜻깊은 출판 작업을 계속 이어나갈 계획입니다. 또한 우리들의 노력이 평화와 화해, 통일의 시대를 여는 새로운 교육의 전환과 창조의 불씨로 쓰이길 간절히 바랍니다.

이혜미

# 2부 평화를 체험하다

# 3부 평화를 위한 학습 활동지

## 10막 평화세상을 함께 꿈꾸는 날

## 후속 자료

새 학기가 시작되는 10일, 2주의 기간은 학급의 분위기가 형성되고 평화학급의 기본 토대가 구축되는 매우 중요한 시기입니다. '시작이 반이다', '구슬이 서 말이어도 꿰어야 보배'라는 속담처럼 10일간의 이야기가 순조롭게 진행되어야 평화로운 학급의 문이 활짝 열리게 됩니다.

최근 들어 교육현장에 학생들의 관계가 중요하다는 인식이 강조되면서 교과 진도에 급급하기보다는 새 학기 학급 분위기 형성에 관심을 기울이는 분위기가 형성되고 있습니다. 그런 까닭에 교실 평화 프로젝트나 새 학기 학급 세우기는 교사들에게 생소한 활동은 아닐 것입니다. 하지만 이와 같은 새 학기 활동은 학생들 개개인의 기본 생활습관을 형성하거나 가시적인 폭력을 예방하는 수준을 넘어 평화로운 학급의 토대를 쌓는 과정이 되어야 할 것입니다.

평화롭게 산다는 것은 단순히 폭력을 쓰지 않고 남에게 피해를 주지 않으면 가능한 것이 아니라 화목하게 살고, 우정을 나누며 평화를 만들어 나가는 적극적인 개념으로 바라보아야 합니다. 물론 이와 같은 바람은 뚜렷하고 치밀한 계획과 실천이 없이는 달성될 수 없는 목표일 것입니다.

『학급 혁명 10일의 기록』은 이야기 여는 날, 권리의 날, 만남의 날, 자기우정의 날, 학급 조직과 선언의 날, 화목화행의 날, 진실과 화해의 날, 화목의 날, 우정의 날, 평화세상을 함께 꿈꾸는 날이라는 주제로 평화로운 학급의 토대를 구축하는 기본 학습 과정을 소개하고 있습니다. 평화규칙이라는 학급의 울타리를 세우고 너와 나, 우리의 권리를 함께 지킬 것을 약속하는 것, 화목 화행을 통해 평화롭게 교류하는 방법을 배워 가는 것, 자기우정과 타자와의 우정이 왜 소중한지를 경험해 나가는 것, 학급 구성원들과 화목하게 어울리는 방법을 배우며 협동과 연대의 단계로 나아가는 것, 진실과 화해의 시간을 통해 진정한 사과와 화해, 책임의 의미를 배우는 것은 권리, 평화, 화목, 우정 교육의 기본적이고 필수적인 내용들입니다. 이 책은 10일간의 주제별 차례를 가지고 하루 4차시 정도의 수업을 소개하고 있지만 이것을 적용하는 학급에서는 주어진 조건과 상황에 맞게 자연스러운 흐름을 만들고 적정 수준의 차시 계획을 세워 창의적으로 운영하는 것이 필요합니다. 다만 기존의 학급운영에 일부를 끼워 넣거나, 프로그램 나열식으로 받아들이기보다는 전체 틀을 수용하되 조금씩 실천의 폭을 넓혀 가는 것이 바람직할 것입니다.

우리는 책의 형식에 대해서 고민했습니다. 글 밥으로 뒤덮인 책보다는 사례나 예시 자료가 많은 책으로 만들자고 생각했습니다. 그러나 우리가 친절하다고 느끼는 책들의 경우 대부분 수업에서 어떻게 이야기가 생성되고 의미가 작동하는지가 빠져 있는 경우가 많았습니다. 수많은 교과 수업으로 하루하루 쫓기는 일상을 살아가는 교사의 처지에선 당장 사용할 수 있도록 간편하게 전달되는 것이 좋겠지만 10일의 기록에서는 평화학습의 원리와 중요성을 이해하면서 정확하게 접근할 필요가 있다고 생각했습니다. 그래야 수업이 한 번의 이벤트로 끝나지 않고 평화의 나무와 열매를 가꾸는 씨앗 심기 활동이 될 수 있기 때문입니다.

그래서 수업 매뉴얼을 소개하기에 앞서 1부 '교실 혁명의 나날'에서는 개요와 본문의 형식을 통해 10일의 이야기를 담아 보려 했습니다. 개요 〈깊이 읽기〉에는 학급 혁명 10일에 해당하는 하루하루의 의미와 목적, 학습 활동의 취지 등을 상세히 담아내려고 노력했습니다. 본문 〈자세히 읽기〉에서는 교사의 시선을 통해 수업의 흐름을 자연스럽게 담되 학습 활동에 핵심이 되는 부분을 부각하여 충실히 소개하고자 했습니다. 이 책을 보는 선생님들은 개요를 충분히 읽고, 본문은 참고하여 자신에게 보다 편한 방식으로 재구성하면 될 것입니다.

2부 '평화를 체험하다'에서는 『학급 혁명 10일의 기록』이 실제 교실에서 적용되었던 생생한 이야기를 교사들의 수기 형식으로 나누고자

했습니다. 교사들이 경험한 새로운 변화와 희망은 독자들의 실천에 용기를 불어넣어 줄 것입니다. 개인 정보 보호를 위해 교사와 학생들의 이름은 가명으로 처리했습니다. 마지막으로 부록에는 학급 혁명 10일의 활동에 필요한 교육 자료와 설문지, 활동지, 악보 등을 사용하기 좋게 편집하여 수록했습니다.

새 학기 2주 동안 학급이라는 밭에 평화의 씨앗을 정성스럽게 심었습니다. 10일간의 씨앗 중 앞으로 어떤 것들이 무성하게 자라게 될지는 알 수 없습니다. 학생자치가 꽃피는 학급도 있을 것이고, 자기우정을 키우는 활동이 꾸준히 자리 잡는 학급도 있을 것입니다. 진실화해의 시간이 깊이 있게 운영되어야 할 학급도 있겠지요. 새 학기 활동이 잘 이루어지면 후속 활동에 대한 고민이 생길 것입니다. 그 점을 고려하여 선생님들이 추후에 참고할 수 있는 후속 활동 자료 역시 부록에 실어 놓았습니다. 부록에 실은 활동지 역시 참고하되 학급 상황에 맞게 재편집하면 도움이 될 것입니다.

이 책에는 각 날마다 주제 시와 노래가 들어갑니다. 여기에 실린 모든 시는 현재 따돌림사회연구모임의 대표 김경욱 선생님께서 지으셨습니다. 학생, 학부모, 교사 등 세상의 모든 이들에게 건네는 평화세상에 대한 대화이자 메시지입니다. 이 소중한 시에 제가 대부분 곡을 지어 노래를 만들었고, 9일째 우정의 날에는 전소연 선생님께서 5명의 학생들과 함께 창작하신 〈마음의 창문〉이라는 노래가 실려 있습니다.

신기하게도 이 노래들은 전설의 피리 만파식적처럼 교사, 학생, 학부모들의 마음에 편안하고 자연스러운 울림을 주었습니다. 우리는 이 중 11가지의 시와 노래를 선곡해 학급 혁명 10일, 각각의 날에 기둥과 나침반의 역할이 되도록 배치했습니다. 시를 먼저 읽어 보고 노래를 배울 수도 있고, 노래를 먼저 배워 익숙해지면 시를 꺼내 읽어 볼 수도 있을 것입니다. 그런데 반드시 노래의 가사인 시를 천천히 함께 음미하면서 해석하는 과정이 있어야 합니다. 해석이라 함은 딱딱한 개념 풀이가 아니라 생소하거나 추상적인 개념들을 우리 생활과 풍부하게 연관시켜 설명해 주는 것을 말합니다. 이렇게 해야 학생들이 하루하루에 해당하는 주요 학습 개념을 깊이 이해하고 자신의 것으로 받아들이는 데 도움이 될 수 있습니다. 배운 노래는 새 학기 주간 동안 반복해서 듣고, 부르면서 자연스럽게 익힐 수 있게 하여, 평화 지향의 마음을 함께 내면화하게 합니다. 서로의 목소리가 노래로 합쳐지는 가운데 학급 안의 소속감도 느낄 수 있을 것입니다.

이혜미

# 1부      교실 혁명의 나날

1막

# 이야기 여는 날

새 학기가 시작되는 대망의 첫날입니다. 설렘과 기대감, 두려움이 가득한 첫 만남은 교사, 학생 모두에게 쉽지 않은 관문일 것입니다. 교사는 학생들을 어떻게 맞이해야 할까요? 아마도 최대한 친근하고 편안하며 다정한 모습으로 다가가고, 학생들의 의견을 수렴하는 민주적인 교사로서의 모습을 보여 줘야 한다는 것이 일반적인 견해일 것입니다. 그런데 현실에선 교사가 학생과 처음 만나는 경우 강한 카리스마로 학급의 기선을 제압하거나, 무표정 또는 무반응으로 신비감을 유지하는 전략이 사용되기도 합니다. 이는 교사가 학급운영에 어려움을 느꼈던 경험에서 비롯되는 경우가 많습니다.

물론, 첫 만남의 전략에 어떤 정답은 존재하지 않습니다. 다만 권위적이거나 민주적인 교사 중 어느 하나를 선택해야 한다는 프레임에 갇히기보다는 평화라는 개념을 통해 교사들 각자의 개성을 살려 학급의 이야기를 최대한 자연스럽게 여는 것이 중요합니다.

교사가 학생들과의 밀고 당기는 힘의 관계에만 얽매이다 보면 정작 첫 만남에서 이루어야 할 교감과 교류의 측면을 놓치게 되고, 학급 안의 평화로운 관계와 분위기를 주도하지 못하는 문제가 발생할 수 있기 때문입니다.

교사 학생 간의 교감과 교류는 대화를 통해 이루어질 수 있습니다. 교사가 일방적으로 자신의 의견만 내세운다거나, 학생들의 의견을 무조건적으로 수용하는 것을 대화라고 말할 수 없습니다. 그래도 상대에게 무언가를 함께 하자고 제안하려면 적절한 설명이나 안내, 설득의 과정이 필요합니다. 서로가 원하는 바를 드러내고 공유하는 과정, 서로의 의견을 경청하고 반영해 나가는 과정을 통해 학급 안의 교감과 교류는 자연스럽게 이루어질 수 있습니다. 그러므로 교사가 먼저 자신의 평화욕망을 가감 없이 학생들에게 드러내어 학생과의 교감과 교류의 물꼬를 터야 합니다. 교사마다 자신에게 익숙한 대화의 형식이 있기에 이를 최대한 활용해서 자연스러운 대화를 만들어 가되 교사의 인생관, 가치관, 교육관 등을 학생들이 직간접적으로 공유할 수 있도록 해야 합니다. 그런 의미에서 첫 만남의 첫 시간은 학급을 평화로운 세계로 만들고자 하는 교사의 강한 의지를 전달하고 이를 공유하는 시간이라 할 수 있습니다.

이와 맞물려 학년, 학급, 교사 수준의 교육과정에 대한 세심한 안내도 필요할 것입니다. 학생들의 발달 수준에 따라 교육과정 설명에 대한 필요와 요구, 방법은 조금씩 다를 수 있지만 교육과정에 직접 참여하는 학생들이 그들의 눈높이에서 교육과정을 이해하는 시간은 꼭 필요합니다. 교사는 학생 개개인의 개성과 교육적 요구를 고려하되 학생들의 평화적이고 상생적인 교류 활동에 비중을 두는 여러 가지 교육 활동을 진행해 나갈 것이며, 평가도 이에 따라 계획되어 있음을 개괄적으로 안내해 주도록 합니다. 국가교육과정이 추구하는 인간상과 핵심역량, 교육의 목표와 방향이라는 대전제 아래 교사에게 교육과정 재량권이 주어져 있음을 설명해 주어야 합니다. 교사는 최대한 개인 및 집단의 교육적 상황과 여건, 학생 간 편차 등을 고려하여 법적 고시문서에 근거한 교사 수준의 학급교육과정을 공식적으로 운영해 나갈 것임을 학생들이 인지할 수 있도록 합니다. 이러한 안내는 교사가 추구하고자 하는 교사 수준 교육과정의 타당성을 부여하는 과정입니다. 학생들의 이해와 집중에 도움이 되는 화면 자료나 자료집 등을 미리 준비하여 연간 교육과정의 내용과 흐름을 공유하고 조망해 볼 기회를 제공하면 좋을 것입니다.

교육과정 안내가 마무리되면 교육과정 운영을 위한 학생들의 의견을 수렴하고, 학교생활이나 학습에 대한 고충, 만족도, 교우관계 등 개별 학생들에 대한 이해에 도움이 되는 설문 활동을 진행합니다. 세심한 문항으로 구성되어 있는 설문지를 받았을 때 학생들은 자신들의 의견이 교사에게 진지하게 반영된다는 신뢰감을 느낄 수 있습니다. 더불어 새 학기 학습 활동에 대한 학생들의 관심과 참여 동기도 높일 수 있을 것입니다. 교사는 설문지 분석을 통해 학급 상황에 맞게 교육과정을 수정 보완할 수 있고, 이후 새 학기 학습 활동을 위한 동기유발 자료로 풍부하게 사용할 수 있습니다.

『학급 혁명 10일의 기록』의 첫날, 이야기 여는 날에서는 교사의 소개, 교육과정 안내, 설문 활동과 자기소개에 이르기까지 종합적이고 거시적인 것부터 부분적이고 미시적인 것들까지 두루두루 접해 보았습니다. 교사는 학급교육과정에 대한 전체적인 그림을 그리고 있지만 학생들에게는 아직 막연한 것일 수 있습니다. 여행을 시작하기 전에 지도를 펼쳐 보고 계획을 세우고 확인하는 일이 중요한 만큼 첫날의 여정은 반드시 필요한 학습 활동들로 꼭꼭 채워 넣었습니다. 각자의 마음속에 그려진 그림들은 앞으로의 교류를 통해 더욱 선명해질 것이고, 함께 만드는 그림으로 공유해 갈 것입니다. 첫날 1년의 이야기를 상상해 보거나, 마지막 헤어짐의 날, 졸업 장면 등을 떠올려 볼 수도 있을 것입니다. 교사는 학생들과 함께 〈이야기 집〉이라는 노래의 가사를 읽어 보고 음미하면서 앞으로 펼쳐질 학급의 이야기를 추억과 보람으로 지어 가자고 약속하며 활동을 마무리합니다.

## 1장 교사의 자기소개

    교사와 학생들의 첫 만남이 이루어지는 1교시는 학생들에게 교사를 소개하는 시간입니다. 자기소개는 이름이 무엇인지, 작년엔 어느 학년을 가르쳤는지, 나이 등의 개인적 이력을 나누는 것이지만, 그와 더불어 교사가 추구하는 교육의 목표와 방향, 의지 등이 자연스럽게 전달되면 좋겠습니다.

    『오즈의 마법사』 책에서 미지의 나라에 떨어진 도로시는 집으로 돌아가기 위해 오즈의 마법사를 찾아 길을 떠납니다. 길 가던 중에 허수아비, 양철나무꾼, 사자 친구도 만나지요. 오즈의 마법사를 찾아가는 이유와 목적은 제각각 다르지만 그들을 하나로 묶어 주고, 목표를 달성할 수 있도록 이끌어 주는 것은 도로시의 강한 목표의식과 의지가 아니었나 생각해 봅니다. 앞으로 어떤 일이 펼쳐질지 알 수 없음에도 도로시에게 설득되어 용기를 내는 친구들을 보면서 그녀의 능력이 참으로 마법 같다는 생각까지 듭니다. 교사와 도로시는 여러모로 공통점이 많습니다. 이제 막 새로운 여정을 시작했습니다. 이루고자 하는 목표는 분명하지만 그것을 이룰 수 있다는 보장은 없습니다. 혼자 힘으로는 이뤄 내기 힘든 목표이므로 친구(학생)들을 설득하며 함께 길을 찾아야 합니다.

이렇듯 눈에 보이지는 않지만 교사와 학생들의 마음속에 굉장한 사건들이 펼쳐지는 첫 만남, 첫 시간입니다. 첫 만남에서 교감을 나눈다는 것은 함께한다면 무언가 이룰 수 있겠다는 긍정적인 기대감, 도전과 용기, 앞으로 재미있는 일들이 일어날 것 같다는 호기심, 서로 간의 신뢰감이나 안정감 같은 다양한 감정들을 교류하는 것입니다. 학생들이 교사와 함께 새로운 모험을 떠나는 마법 같은 시간인 만큼 이 시간에 대한 사전 준비는 충분히 되어야 할 것입니다.

저는 학생들에게 이야기 들려주기를 좋아합니다. 그 어떤 시시한 이야기라 해도 초롱초롱한 눈빛으로 몰입하는 아이들의 모습을 접할 때 교사로서 보람을 느낍니다. 교사와 학생을 이어 주는 이야기에 푹 빠진 뒤로 저는 첫 만남에서도 이야기를 주로 활용합니다. 우리 주위엔 이야기가 가득하지만 꼭 필요한 이야기를 고르는 건 약간의 수고가 필요할 것입니다. 간절히 원하다 보면 때때로 아주 드라마틱하게 내가 원했던 이야기와 만날 때도 있습니다. 몇 해 전 2학년 담임으로 복직을 준비하는데 TV 화면에서 〈개구쟁이 스머프〉가 나오더군요. 어린 시절의 추억에 잠겨 집중하며 보기 시작했습니다. 남자 스머프만 사는 스머프 마을에 어떻게 스머페트가 살게 되었는지 궁금했는데 그 까닭을 알 수 있는 이야기였습니다. 행복한 스머프들을 미워하는 가가멜은 마법 항아리에 미움, 과시, 거짓말, 뒷담화 등의 온갖 나쁜 주문을 넣어 스머페트를 탄생시켜 마을로 보냅니다. 스머페트는 가가멜의 요구대로 스머프 마을에 분란을 일으키고, 댐을 무너뜨려 홍수를 나게 하려다가 정작 자신이 물살에 휩쓸리게 되지요. 스머프들의 도움으로 목숨을 건진 스머페트는 감동을 받습니다. 그녀는 자신의 죄를 뉘우치며 진짜 스머프가 되고자 합니다. 파파스머프는 자신의 마법 항아리에 관심, 우정, 사과, 용서, 위로 등의 주문을 걸어 그녀를 진짜 스머프로 거듭나게 하지요. 만화를 보면서 무릎을 탁 쳤던 기억이 납니다. 아이들과 나누고 싶은 내용들이 이야기에 한가득 들어 있었기 때문입니다. 그때 발문을 통해 가가멜과 파파스머프의 마법 항아리의 주문을 학생들과 함께 채워 보기도 했습니다. 첫 시간에 학생들과 공들여 나눈 이야기는 교사와 학생들 마음을 이어 주고, 평화로운 학급을 만들어 가는 소중한 씨앗이 되었습니다. 이야기로 여는 첫 만남의 경우는 이야기 원형을 그대로 들려줄 수도 있지만 교사가 원하는 방향으로 조금씩 변형하고 각색해서 들려줄 수도 있습니다.

교사마다 익숙하게 느끼는 대화의 형식이 다르기에 첫 만남의 수업안 또는 시나리오는 얼마든지 각자의 방식대로 구조화할 수 있을 것입니다. 차분한 분위기 속에서 시를 낭송하거나, 한 장의 그림이나 사진을 모티브로 조심스레 대화를 건넬 수도 있겠지요. 교사의 첫 마음을 시로 써서 들려준다면 학생들에게 전해지는 울림은 더욱 클 것입니다. 직접 시를 쓰는 것이 어렵다면 좋은 시를 찾아 낭송해 주는 방법도 좋습니다. 교사가 전하고자 하는 메시지를 알쏭달쏭한 사진이나 그림, 문제로 제시하여 학생들의 상상력을 자극하면서 질문을 주고받을 수도 있겠지요. 이때 학생들은 교사가 어떻게 자신들의 이야기에 귀 기울이고 반응하는지 유심히 관찰하는 시간이 될 것입니다. 놀이나 퀴즈를 통해 보다 역동적으로 대화를 나눌 수도 있을 것입니다.

이렇듯 회화로서의 대화, 수업으로서의 대화, 탐구로서의 대화, 토론으로서의 대화 등 교사들의 개성을 고려한 다양한 대화 형식이 가능할 것입니다. 다만 이와 같은 다양한 형식 속에 평화의 메시지를 공유하고 교감을 만들어 가는 것이 첫날의 관건입니다. 첫날의 시나리오를 단어 위주로 메모해 두거나 약식 수업안을 준비하면 당황스러운 문제 상황을 조금이나마 예방할 수 있습니다.


## 2장 학급교육과정 소개

새 학기가 되면 학교와 학급 차원에서 학부모를 위한 학부모 총회나 교육과정 설명회가 개최됩니다. 학교는 학교 수준의 교육과정을, 교사는 학급 수준의 교육과정을 안내하지요. 7차 교육과정 이후 교육현장의 상황과 여건, 학생 간 편차 등을 충분히 고려할 수 있도록 교사 수준의 교육과정 재량권이 보장되고 있지만 그것을 원활하게 운영해 나가기란 쉽지 않습니다. 교사들이 기존의 관습과 잔재를 벗어나지 못하기도 하지만 국가교육과정이 매우 복잡하고 난해하게 구성되어 있다는 점도 무시할 수 없습니다. 그럼에도 불구하고 변화된 시대의 흐름에 무작정 끌려가지 않으려면 주도적인 교육과정 운영이 필요할 것입니다.

학부모를 위한 교육과정 설명회는 학교 차원에서 운영되지만, 정작 학생들을 위한 교육과 설명회는 별도로 운영되지 않습니다. 교육과정에 대한 안내가 생략되다 보니 학생들이 전체적인 교육과정의 흐름을 이해하지 못한 채 교사가 제시하는 학습 활동과 평가를 쫓아가기에 급급하게 됩니다. 물론 새 학년 교과서를 통해 학생들은 교과의 기본 학습 내용 정도는 예상할 수 있을 것입니다. 그러나 매해 달라지는 교사별 학급운영, 교과 통합, 프로젝트 학습 등 교사 수준의 학급교육과정은 생소하게 느껴질 수 있습니다. 교사 수준의 교육과정을 편성할 수 있는 자율권이 적정하게 부여되어 있지만 이 부분을 모르는 학부모나 학생들이 많습니다. 교사는 나름대로 교육과정을 풍부하게 편성해서 운영하고 있는데 "왜 교과서 안 나가요?", "이거 꼭 해야 돼요?", "다른 반은 안 하는데 왜 우리 반만 해요?"라는 질문 아닌 질문을 받게 되면 괜히 힘도 빠지고, 어디서부터 어떻게 설명해 주어야 할지 어리둥절할 것입니다.

이런 상황을 대비하기 위해서라도 학기 초에 교사 수준의 학급교육과정의 공식성과 타당성 등을 충분히 느끼게 하고, 교육과정 운영에 학생들의 의견을 적극적으로 수렴하여 보완, 보충해 나갈 것임을 안내해 주는 것이 필요합니다. 그런 차원에서 2교시 활동은 교사가 펼쳐 내고자 하는 학급교육과정에 대하여 자세히 소개합니다. 또한 교사 수준의 평가 내용이나 방법에 대해서도 충분히 안내해 주도록 합니다. 교과서 위주의 수업은 지식 위주의 평가와 맞물려 있습니다. 교사는 문제를 푸는 평가가 교사 평가의 전부가 아니며, 학생들이 실제 삶 속에서 평화롭고 화목하게 교류하는 역량과 평화 인성을 어떻게 갖춰 가는지 종합적으로 평가해 나갈 예정임을 강조합니다.

마지막으로 『학급 혁명 10일의 기록』을 참고하여 학급에 맞게 활동 순서를 재구성한 뒤 학생들에게 새 학기 교육 일정에 대해 소개해 주어야 합니다. 10일간의 흐름과 세부 활동들을 한눈에 보이게 표로 작성하거나, 계속 참고하고 점검할 수 있도록 자료집 형태로 배부하면 사용하기도 편하고 학생들의 관심과 참여를 불러내는 데도 도움이 될 것입니다.


## 3장 학급교육과정을 위한 학생 설문 활동

첫날 1교시에 첫 만남과 교육과정 안내까지 마무리하면 교사는 에너지가 무척 소진된 상태일 것입니다. 학생들도 계속 집중하여 듣는 시간이었으므로 설문 활동 으로 분위기를 전환해 봅니다.

부록 참고: 1-1 학급교육과정을 위한 학생 설문지.

1-1 학급교육과정을 위한 학생 설문지

## 학급교육과정 운영을 위한 설문

1. 학교에서 보람과 기쁨을 느끼는 학습 활동은 무엇이었나요?

   1)

   2)

   3)

   4)

   5)

2. 학교생활에서 힘들었던 점이 있다면 무엇인가요?

   1) 친구들의 놀림이나 장난

교사에게도 설문에 참여하는 학생들을 한 명 한 명 차분히 관찰할 수 있는 시간이 될 것입니다. 교육과정 운영을 위해 필요한 학생들의 의견을 묻거나, 학교생활이나 학습에 대한 어려움이나 고충, 만족도, 학생들에게 개인적으로 궁금한 것들을 넣어 설문지를 만들거나, 기존의 자료를 참고해서 사용해 봅니다. 설문은 너무 쉽거나 어렵지 않게 학생들이 진지하게 참여할 수 있을 정도로 제작하는 것이 좋습니다. 간혹 설문 활동에 어려움을 느끼는 학생들이 있으므로 몇몇 문항은 객관식으로 제시하여 가급적 모든 학생들이 쉽게 답할 수 있게 구성해야 합니다.

설문지가 수합되면 객관식 문항은 빠른 시일 안에 통계를 내어 학생들에게 의견이 수렴되는 과정을 직접 느끼게 해 주면 신뢰를 쌓아가는 데 도움이 됩니다. 학생들은 설문에 답하기 위해 자신과의 대화를 이어 나가고, '다른 이들은 어떻게 생각할까?'라는 궁금증도 가지면서 타인과 대화한다는 느낌을 받을 수 있습니다. 교사는 학생들의 설문지를 수합하면서 학급 실태를 파악하고, 학생들의 요구나 바람을 교육과정 운영에 반영할 수도 있을 것입니다. 또 한편으로는 설문 결과는 학급의 여론을 긍정적인 방향으로 이끌어 가는 유의미한 자료로 사용할 수도 있을 것입니다.

## 4장 평화의 노래 배우기 <이야기 집>[2]

첫날을 마무리하는 시간입니다. 우리의 인생은 계속 진행되지만 우리는 인위적으로 시작과 끝을 정해 나갑니다. 그 속에서 삶의 의미를 만들고, 돌아보고, 새로운 삶을 계획하는 과정이 이야기 만들기입니다. 삶을 이야기로 바라봄으로써 우리는 빈약한 삶보다는 풍부한 삶을 지향하고, 근시안적이고 좁은 시야로부터 보다 멀리 보다 넓게 바라보는 삶의 조망능력과 안목을 키워 나갈 수 있습니다.

이야기 학급운영은 학급의 1년을 물리적인 시간이 아닌 이야기의 시작과 끝이 있는 의미 생성의 시간으로 바라보는 것입니다. 학생 개개인의 인생각본[3]에 가장 큰 영향을 미치는 것은 가족 서사[4]이지만

---

2 부록 참고: 1-2 〈이야기 집〉 악보.
3 인생각본은 교류분석에서 사용하는 개념으로 인간은 의식적이든 무의식적이든 자신만의 각본을 통해 세상을 살아간다는 것을 의미한다.
4 서사는 기술된 사건들의 집합으로 이루어진 이야기란 뜻으로 가족 서사란 한 가족 내에서 형성되는 서사를 말한다.

학급, 학교라는 집단 서사를 통해 더욱 풍부해지고, 부족한 부분은 보완될 수 있습니다. 학급의 이야기는 평화를 개념으로 하여 더욱더 화목한 공동체, 정의로운 공동체를 지향해 나가야 할 것입니다.

교사는 첫날 활동을 정리하면서 앞으로 우리 학급의 이야기를 좋은 만남과 추억, 보람으로 가꾸어 가자고 제안합니다. 학생들 개개인이 학급이라는 무대에 선 새로운 등장인물입니다. 중요한 것은 앞으로 등장인물들과 좋은 인연을 맺고, 좋은 사연을 만들어 가는 것입니다. 〈이야기 집〉 노래의 가사를 시로 천천히 읽으며 음미해 봅니다. 이렇게 충분히 숙고한 뒤 노래를 감상해 봅니다.

내 사는 집을 짓듯 우리는 이야기를 짓는다.
만남의 인연을 만들고 온갖 사연을 만든다.
헌집 허물고 여기에 희망으로 새집을 짓자

이야기는 우리를 우리는 이야기를 만든다.
인생의 굴곡을 만들고 시작과 끝을 만든다.
헌집 허물고 여기에 보람으로 새집을 짓자

이야기를 못 만들면 절망이 우리를 만든다.
회색빛 인생 만들고 어두운 세상 만든다.
헌집 허물고 여기에 추억으로 새집을 짓자

악보를 보면서 따라 불러 봅니다. 노래 배우기 활동이 끝나고 여유가 있으면 하루 동안 처음 만난 학급의 분위기나 느낌은 어땠는지 소감 나누기로 간단하게 정리해 봅니다.

새 학기 활동을 정리할 때는 항상 다음 날과의 연계를 고려해 학생들에게 적절한 과제를 제시하는 것이 중요합니다. 소감 나누기가 간단히 진행됐으면 학생들에게 새 학급에 대한 기대감을 글이나 그림으로 표현해 오는 과제[5]를 제시할 수도 있습니다.

이날은 대부분 학생들에 대한 기본 정보나 이해를 얻기 위한 기초 조사용 설문지와 담임 편지 등이 배부되기도 합니다. 학생용 〈내가 사는 이야기〉[6]와 학부모용 〈우리 아이 이야기〉[7]는 하교 전에 배부하고 꼼꼼히 작성할 것을 당부합니다. 학생들의 개인적인 내용이 담긴 설문지이므로 종이봉투에 담아 보내면서 얼마간의 기한을 주고 봉투에 그대로 담아서 제출해 달라고 부탁하며 마무리합니다.

---

5 부록 참고: 1-3 〈새 학급에 대한 기대감 표현하기〉 학습지.
6 부록 참고: 1-4 학생 설문지 〈내가 사는 이야기〉.
7 부록 참고: 1-5 학부모 설문지 〈우리 아이 이야기〉.

# 권리의 날

평화로운 분위기로 새 학기의 시작을 잘 열었다면, 학급 혁명 둘째
날은 학급 구성원들이 함께 평화규칙을 제정하고, 학급 조직에 대해
공유하는 권리의 날입니다. 과거의 학급은 권위 있는 교사 일인이 학
급의 질서를 유지해 나가는 방식이었습니다. 학급의 급훈이나 규칙을
정해서 잘 지켜 달라고 당부하고, 규칙을 어기는 학생들은 훈계나 벌
로 지도했지요. 교사, 학생의 사회적 역할이나 위치가 어느 정도 정해
져 있던 과거에는 의무를 주로 이야기해 왔습니다. 하지만 기존의 가
치와 질서가 급변하는 현대에 와서는 권리가 중요한 개념으로 자리
잡고 있습니다. 그런 맥락에서 학급의 평화규칙 세우기는 교사의 권
위를 통해서가 아니라 공동체의 법과 규율을 통해 평화의 질서를 세
워 나가는 활동입니다. 그러므로 권리의 날은 개인과 집단의 권리에
대해 정확하게 이해하고 서로의 권리를 지켜 주기 위해 어떤 약속이
필요한지 깊이 있게 고민하고 실천해 나가는 시간이 되어야 할 것입
니다.

교사가 아무런 준비 없이 평화규칙을 만들자고 제안하면 학생 입

장에서는 무척 당황스러울 것입니다. 몇몇 발표 잘하는 친구들의 독무대가 될 확률도 높습니다. 학기 초 학생들의 토의 능력이나 발표 실력이 각기 다른 상황에서 자칫 섣부른 토의 토론은 학생들이 서로를 비교하고 인정을 경쟁하는 시간이 될 수 있습니다. 그러므로 교사는 가급적 학급회의로 직행하기보다는 설문 활동과 같은 매개 활동을 두는 것이 좋습니다. 이와 같은 설문 활동은 모든 학생들의 참여를 이끌어 낼 수 있고, 학생들이 보다 진지하고 차분하게 생각을 정리해 볼 기회를 제공합니다. 또한 이어서 진행하는 학급회의에서도 설문 답안을 참고하여 발표할 수 있게 하여 학생들의 긴장과 부담을 줄일 수 있습니다. 이렇게 중간 매개 활동을 둔 다음 본격적인 토의 활동을 진행하고, 토의에서 제출되는 의견을 실시간 공유하면서 공동체가 규칙을 함께 제정하고 있음을 인상적으로 느낄 수 있도록 해야 합니다.

학급 평화규칙 제정 활동이 끝나면 얼마 후에 있을 임원 선거를 위한 사전 준비 활동을 진행하도록 합니다. 아무래도 이 시기 학생들의 최대 관심은 학급 임원이겠지요. 공정한 선거와 평화를 추구하는 학급 목표에 도달하기 위해 교사가 적극적으로 분위기를 주도해 나가야 합니다. 학급운영에 있어 임원 조직은 매우 중요합니다. 교사는 새 학기의 분주함 속에 선거를 형식적으로 치르는 데 급급하기보다는 후보자와 투표자 모두에게 임원의 역할을 고민해 보는 시간적인 여유를 주어야 합니다. 물론 학생들도 바람직한 임원의 역할이 무엇인지 어느 정도 이해하고 있겠지만, 그것이 꾸준히 공론화되고 재차 강조되지 않는다면 개인의 권리 내지는 사적 이득에 입각하는 등의 자의적인 해석으로 빠질 우려가 있습니다. 교사는 사전에 회장단의 역할에 대해 숙고해 볼 수 있는 직간접적인 교육적 장치를 마련함으로써 임원 선거가 후보자들의 인기투표나 스펙 쌓기, 또는 허수아비 세우기로 변질되는 것을 방지해야 합니다.

학급회의는 모든 학급 구성원들의 직접 참여를 원칙으로 하는 학급 공동의 의사결정기구로서 회장단은 학급회의의 대표이자 진행자 역할을 맡게 됩니다. 학급 임원의 경우 표면적으로 드러나는 역할 이외에도 학생과 교사, 학생과 학생을 이어 주는 매개 역할을 하는 등 중요한 역할을 많이 수행해야 한다는 것을 세세하게 안내하여 후보자의 공약이나 소견 발표에 적극 참고할 수 있도록 해야 합니다.

임원 선거 외에도 학급 부서와 기구에 대해 관심을 가질 수 있도록 안내하는 시간을 따로 확보해야 합니다. 과거엔 반장이라는 제도가 있었지만 지금은 거의 사라지고 대다수의 학교에서 회장을 선출합니다. 회장 외에 학습부, 미화부, 체육부, 생활부 등의 주제별 학급 부서를 두기도 하지요. 요즘처럼 학생 간 갈등과 폭력이 빈번하게 일어나는 학급에서는 행정부 성격 외에 학급의 평화와 정의를 세워 나갈 수 있는 사법부 역할을 적극적으로 고민해 보아야 합니다. 진실화해위원회나 언론위원회 성격을 가진 학급 부서를 추가로 운영할 수 있겠지요.

학급에서의 진실화해위원회는 학생들 간에 발생하는 센 척, 따돌림, 고립 등의 권리 충돌과 폭력에 관한 의제를 해결하는 기구입니다. 학생 간의 문제가 발생했을 때 간단한 조정만으로 문제가 해결되는 경우도 있을 것입니다. 그러나 대부분 문제들은 교사 또는 정의그룹의 중재가 필요합니다. 중재의 시작은 갈등으로 불거진 학생들의 감정을 추스르게 한 후, 각자의 이야기를 들어 보는 것입니다. 이때 교사가 "혹시 먼저 이야기해 볼 사람 있나요?"라고 공정한 경어를 사용하여 물으면 학생들이 좀 더 예의를 갖춰 진지하게 참여하게 됩니다. 학생들이 자신이 겪은 것들을 이야기할 때는 실제로 일어난 사실과 그 과정에서 느낀 감정 등을 구분하여 이야기하도록 합니다.

교사는 두 사람 또는 여러 사람들 사이에 조각 나 있는 사실을 시간의 흐름에 맞게 나열하여 오해가 있다면 풀어 줍니다. 또한 학생들이 느낀 감정에 대해 적극적으로 공감하고 수용하면서 학생들 간의 이해가 이루어질 수 있도록 독려하면서 조정을 이끌어 갑니다. 이후 내가 몰랐던 사실이나 우리가 몰랐던 사실을 알아 가는 과정을 통해 사과할 건 사과하고, 용서할 건 용서하게 합니다. 이와 같이 진심 어린 화해가 이루어져야 더 큰 갈등과 폭력을 예방할 수 있습니다.

교사가 적극적으로 개입한다 해도 미처 알지 못하는 사실이나 진실은 있을 것입니다. 정의그룹[8]은 학생들의 눈높이에서 객관적이고 공정한 입장을 통해 바라보면서 중재에 힘을 실어 줄 수 있습니다. 학급 구성원이라면 누구나 진실화해위원회[9] 위원이 될 수 있습니다. 정의그룹 학생들에게는 중재의 권한과 책임이 부여되는 것이지요. 언론위원회도 마찬가지입니다. 학급 구성원이라면 누구라도 학급 신문이나 월간, 서사집 등에 자신의 생각을 담은 작품이나 기사를 싣는 언론위

---

[8] 학급 혁명 다섯째 날 학급 조직과 선언의 날 참고.
[9] 학급 혁명 일곱째 날 진실과 화해의 날 참고.

원이 될 수 있습니다. 언론위원회 소속의 평화기자단은 학급 구성원
들 간의 소통의 창구가 되는 매체를 발간하고, 기자회견, 인터뷰, 기
사작성 등을 통해 진실을 전달하는 역할과 책임을 부여받게 됩니다.
그 외 여러 부서를 두어 학급생활과 수업 등에 필요한 행정을 고르게
나누어 맡을 수 있도록 조직해 나갑니다.

학급 권리장전

## 1장 평화의 노래 배우기 <교실의 약속>

학생들이 등교하여 교실로 들어옵니다. 교사에게 찾아와 반갑게 인사하는 아이들도 있고, 수줍음에 멀리서 눈인사만 하는 아이들도 있습니다. 교사는 자연스럽고 편안하게 아이들을 맞이해 주면 됩니다. 교실에는 어제 배웠던 <이야기 집> 노래가 흘러나오면 좋겠지요. 학생들은 주섬주섬 가방을 정리한 뒤 새 학기 활동 자료집을 꺼내 오늘 일정도 살피고, 노래도 따라 불러 볼 것입니다. 이때 교실은 □이다. 와 같이 빈칸을 채우는 간단한 선택활동을 제시하여 칠판이나 안내판에 포스트잇으로 붙이도록 합니다. 학급에 빨리 등교한 학생들 또는 교실 분위기에 아직 어색함을 느끼는 학생들에게는 자연스럽게 참여할 수 있는 기회가 될 것입니다.

___

10) 부록 참고: 2-1 <교실의 약속> 악보.

교실의 약속

김경욱 시
이혜미 곡

1교시가 시작되면 교실을 정돈하고, 교사 학생 간의 주의 집중 약속도 정해 볼 수 있습니다. 이어서 아침 선택 활동이었던 교실에 대한 비유 활동을 함께 살펴보도록 합니다. 눈에 띄는 특별한 비유가 있다면 해당 학생에게 질문도 하면서 교실의 의미를 공유해 봅니다. 어느 정도 활동이 정리되면 교사는 〈교실의 약속〉이라는 시를 제시합니다.

교실은 우리 생활의 터전 규범은 약속이다.
너와 나의 권리 지켜 주고 갈등을 해결해 준다.
화나고 짜증날 때 약속은 양심을 깨울 수 있어
이기심이 우릴 잠들게 할 때 북소리 되어 울린다.
규범은 마음에 새기고 약속은 다짐한다.
서로서로 가르쳐 주고 내가 먼저 실천한다.

교실은 내 마음의 정원 규범은 울타리다.
지나친 욕심은 거두고 정도를 걷게 한다.
화나고 짜증날 때 약속은 양심을 깨울 수 있어
이기심이 우릴 잠들게 할 때 북소리 되어 울린다.
양 갈래 길에서 헷갈릴 때 약속은 나침반이다.
망망대해 어두워지면 약속은 길잡이 된다.

각자 또는 함께 읽어 봐도 좋고, 교사나 학생이 대표로 낭송할 수도 있겠지요. 시에서는 교실이 우리 생활의 터전, 내 마음의 정원 등으로 비유되고 규범은 약속 또는 울타리 등으로 비유됩니다. 약속은 다시 북소리, 나침반, 길잡이로 비유됩니다. 규칙이나 규범은 학생들에게 무조건 따르고 지켜야 하는 책무로 여겨지기도 할 것입니다. 자유로운 사고와 행동을 가로막는다고 느껴질 때 종종 규칙을 무시하는 경우도 생깁니다. 규칙을 잘 지키더라도 왜 그래야 하는지 모른 채 기계적이거나 순응적으로 따르는 것은 어떤가요? 교사 입장에서는 전자보다 후자가 낫겠지만, 두 경우 모두 교육적 개선이 필요합니다. 그런 의미에서 규칙은 공동체의 약속이 되었을 때 힘을 발휘할 수 있습니다.

　함께 생활하다 보면 서로 간의 권리가 충돌하고, 짜증이 나고 화나는 상황도 많이 발생하곤 합니다. 개인의 권리와 감정만 앞세우다 보면 욕심이나 이기심으로 빠질 우려가 많습니다. 이때 함께 만든 약속은 흐트러지는 양심을 깨워 주고, 지혜롭게 문제를 해결하는 길잡이가 되어 줄 것입니다. 교사는 평화로운 교실을 위해 구성원들이 함께 규칙을 만들고, 그것을 성실히 지켜 나가는 실천이 필요함을 강조합니다. 이때 교사가 경험했던 학급 사례나 이야기를 통해 〈교실의 약속〉이란 시의 의미를 좀 더 구체적으로 해석해 주어도 좋습니다. 교실 외에도 복도, 화장실, 계단, 급식실 등 함께 사용하는 공공장소에서의 예절과 규칙도 점검해 보고, 학교생활규정도 살펴보면서 학급 평화 규칙 제정 활동으로 자연스럽게 연결해 낼 수 있을 것입니다. 〈교실의 약속〉 노래를 듣고, 함께 불러 보면서 1교시 활동을 마무리합니다.

# 2장 학급 평화규칙 제정 활동

2-2 평화규칙 제정을 위한 설문지

학급 평화규칙 제정을 위한 설문지 1(학급생활약속)

초등학교    학년   반   번  이름:

1. 학급생활을 하면서 힘들거나 불편했던 점은 무엇입니까? 과거의 경험이나 현재 느끼는 생각 등을 솔직하게 적어 주세요.

평화규칙 제정을 위한 설문지¹¹를 학생들에게 나누어 주고 함께 작성해 보게 하는 것이 좋습니다. 설문지는 크게 생활약속과 수업규칙에 대한 것으로 구성됩니다. 생활약속에 관한 설문은 학급생활 경험을 충분히 돌아보게 하면서 학생들이 겪었던 어려움을 솔직히 이야기할 수 있는 내용으로 구성하는 것이 중요합니다. 예를 들어 따돌림이나 학교폭력이라는 단어를 명시하는 질문보다 초등학교 학급생활에서 힘들었던 기억을 묻는 질문이 학생들의 세세한 이야기를 더 잘 이끌어 내곤 합니다. 친구 간의 갈등이나 친구를 사귀는 문제는 딱히

---

11 부록 참고: 2-2 평화규칙 제정을 위한 설문지 1, 2, 3.

폭력은 아니지만 결코 작은 문제로 치부할 수 없는 학생들의 고민거리입니다. 이와 같은 매듭을 잘 풀어내지 못하면 따돌림이나 폭력의 문제로 심화되기도 하니까요.

처음부터 규칙의 조항을 작성하게 하는 것보다 평화규칙 제정 활동의 의미를 충분히 공감하고 이해하도록 인과적 흐름을 통해 설문을 구성하는 것이 좋습니다. 수업규칙에 대한 설문 역시 수업이나 모둠 활동에서 발생하는 다양한 권리 침해 장면을 떠올려 보게 하여 자기 삶의 문제로 생각해 볼 수 있는 기회를 제공하도록 합니다.

마지막으로 '규칙을 지키지 못한 경우 어떻게 책임지는 것이 좋을까?'라는 물음을 통해 규칙을 어겼을 때는 벌을 받는 게 아니라 책임을 져야 한다는 것으로 학생들의 인식을 전환시켜야 합니다. 간혹 책임지는 행동을 묻는 질문에 대해 엉뚱하거나 비현실적인 답변이 나오기도 합니다. 이렇듯 학생 개개인이 총체적이고 종합적인 의견을 구성해 내긴 어렵지만, 한 사람 한 사람의 의견을 모아 가다 보면 전체적인 모습을 갖춰 가기 마련입니다. 설문지 작성이 끝나면 본격적으로 학급회의를 시작합니다. 아직 학급 대표가 선출되지 않았으므로 교사가 사회자 역할을 하면서 학생들의 의견을 종합하고 정리해 나가면 됩니다.

평화규칙 제정에 관해서는 교사가 설문지를 걷어 따로 통계를 낼 수도 있지만, 칠판을 활용하여 학생들의 의견을 실시간으로 반영함으로써 현장감 있게 진행하는 것이 공론화하기에 효과적입니다. 교실에서 이루어지는 생생한 교류의 현장에서 평화규칙의 의미와 중요성이 깊이 각인될 수 있기 때문입니다. 설문지에 작성한 내용을 참고하거나 그대로 읽을 수 있게 하여 학생들에게 발표에 대한 부담을 줄여 줄 수 있습니다. 또 제비뽑기 같은 놀이 요소를 가미하여 발표자를 뽑는다면 두근두근 긴장하면서 활동에 좀 더 흥미를 갖고 집중할 수도 있을 것입니다.

이와 같은 방식으로 진행하다 보면 학생들의 의견이 중복되기 시작할 것입니다. 그다음엔 지금까지 나오지 않은 의견이 있는 친구들에게 보충 의견을 달라고 주문합니다. 교사는 학생들의 발표 내용을 계속 적어 내려가다가 비슷한 내용이 겹칠 때는 학생들에게 묻고 확인하는 과정을 통해 새롭게 유목화하거나 빼면서 정리해 나가면 됩니다. 이때 교사가 미처 생각하지 못했던 학생들의 문화가 드러나기도 하고, 학생들이 주로 사용하는 속어나 비어가 공개되기도 할 것입니다. 중요한 내용이 나올 경우 적절히 반응하고 피드백하면서 학생들이 계속적으로 주의 집중할 수 있도록 합니다.

수업규칙 역시 같은 방법으로 진행해 나갈 수 있습니다. 교과서 잘 챙겨 오기, 숙제 잘해 오기, 발표 열심히 하기, 수업 시간에 장난치거나 딴짓 하지 않기 등 다양하지만 의례적인 내용들이 제출될 것입니다.

수업규칙은 학생들의 학습권과 교사의 수업권을 지키기 위한 것이기에 빠진 내용이 있다면 교사의 입장에서 느끼는 어려움을 공유하고 제안해도 좋습니다. 예를 들어 수업 시간에 관계없는 말로 주목을 끌거나, 수업의 흐름을 끊는 경우가 있습니다. 처음엔 몇몇 아이들이 시작하지만 학급 전체 분위기로 확산될 경우 나중엔 수업이 힘들 정도로 심각한 문제가 되기도 합니다. 수업규칙 역시 책임에 대한 부분을 함께 토의하면서 개인과 집단의 권리를 함께 지켜 갈 수 있는 합리적인 방안들을 모색해 나가도록 합니다.

새 학기 새 마음으로 평화규칙을 잘 마련했다 하더라도 시간이 지날수록 조금씩 무너지는 부분들이 생겨나기 마련입니다. 시간이 허락한다면 평화규칙을 어떻게 점검해 나갈 것인지에 대한 의견을 나누고 활동을 마무리합니다. 평화규칙은 긴 문장보다는 되도록 단문이나 짧은 구호 형식으로 다듬어 눈에 잘 띄는 곳에 게시물로 만들어 붙이면 잊지 않고 늘 기억할 수 있어 내면화하기 좋습니다. 설문 통계 자료는 필요시 다양한 생활교육과 접목하여 유용하게 활용할 수 있습니다.

## 3장 학급 조직을 위한 설문 활동

규칙 제정 활동이 끝나면 앞으로 있을 임원 선거를 위한 준비 활동을 시작합니다. 학생들이 궁금해하는 학급 임원 선거 일정과 선거 방법 등에 대해 자세히 안내합니다. 교사는 학급 조직도를 화면에 띄워 놓고 설명해 준 뒤 학급 조직을 위한 설문지[12]를 배부하여 작성하도록 합니다.

---

12 부록 참고: 2-3 학급 조직을 위한 설문지.

학급 조직을 위한 사전 설문 활동

초등학교    학년   반   번 이름:

1. 학급생활을 해 나가면서 학급공동체가 함께 해결해야 할 문제에는
어떤 것들이 있나요? 필요하다고 생각하는 것에 표시하고, 자신의 의
견도 적어 보세요.(중복 응답 가능)
  ① 학급 규칙을 함께 만들고 잘 지켜지지 않는 부분을 점검하고 보완
하기
  ② 학급에서 일어나는 과도한 장난이나 폭력이 문제

　

　

　

설문 과정을 거치면서 학생들은 학급에서 자신이 어떤 위치와 역
할을 맡을지 좀 더 구체적으로 다가가게 됩니다. 일방적으로 전달해
주는 안내장보다 설문지가 좋은 까닭은 학생들의 적극적인 독해와
참여를 이끌어 내기 때문입니다. 설문을 하려면 주어진 질문을 꼼꼼
히 읽어야 하고, 그에 대한 자신의 생각을 정해서 표시하거나 답을 적
어야 합니다. 평소에 아는 듯 모르는 듯 그냥 넘겨 버렸던 내용들, 내
역할이 아니라고 생각했던 활동들에 대해서 다시 한 번 천천히 생각
해 볼 수 있을 것입니다. 본래의 취지와 목적은 어때야 하는지 학생들
도 어렴풋이 알고 있습니다. 그러나 현실은 언제나 그에 따르지 못하
고, 간혹 비틀어지고 왜곡되기도 하지요. 교사가 이와 같은 설문지를
제공한다는 것은 잘못된 부분은 바로잡고, 제대로 해 나가겠다는 의
지를 전달하는 것입니다. 보이지 않는 무언의 에너지를 느끼고 교감

하면서 학생들 역시 진지한 태도로 설문 활동에 임하고, 새로운 시작에 동참하게 됩니다.

설문지는 학급 임원의 역할과 바람직한 태도에 대해 묻습니다. 과거 경험들이 파노라마처럼 스쳐 지나갈 것입니다. 설문지는 바로 세워야 할 원칙들에 대해 묻고, 앞으로 어떤 선택과 실천을 해 나갈 것인지 묻습니다. 1번부터 10번까지의 설문 활동을 하면서 학생들은 과거에 대한 성찰과 현재 인식, 미래의 지향점 등을 모색해 봅니다. 자신의 이야기를 투영함으로써 막연했던 학급 조직의 그림을 서서히 완성해 나갑니다. 그림 속의 자신의 위치와 역할도 구체적으로 상상하면서 개인과 집단과의 관계를 새롭게 설정해 나갑니다. 간혹 설문을 완성하지 못하는 학생이 있다면 과제로 제시하여 집에서 충분히 시간을 갖고 작성해 오게 하면 좋습니다.

이제 교사는 임시평화기자단 모집에 대해 안내합니다. 임시평화기자단은 앞으로 있을 임원 선거가 공정하게 치러질 수 있도록 후보자 기자회견을 진행할 것입니다. 기자회견을 통해 임원들은 자신의 역할과 공약에 대해 깊이 있게 고민할 기회를 갖게 됩니다. 학생들이 고민할 시간을 하루 정도 주는 것이 좋습니다. 교사는 권리의 날을 마무리하며 학생들과 함께 교실의 약속이라는 노래의 가사를 읽으며 음미해 봅니다. 소감 나누기를 통해 활동의 의미를 되새기는 시간을 가져 보면 좋을 것입니다.

# 만남의 날

깊이 읽기

 새 학기가 시작된 지 3일째가 되었습니다. 학생들은 이제 겨우 선생님의 이름 정도를 외우고, 새로이 같은 반이 된 친구들과는 여전히 어색하고 서먹서먹한 관계를 유지하고 있을 것입니다. 다행히 작년에 친했던 친구와 같은 반이 되었다면 쉬는 시간만큼은 그 친구와 이야기를 나누며 새 학기의 긴장감을 덜 수 있겠지만, 아는 친구가 거의 없거나 낯을 많이 가리는 소심한 성격의 학생들은 친구들에게 먼저 다가가는 것이 어려울 것입니다. 그렇기 때문에 첫 만남의 긴장을 풀어 주면서 학생들이 첫인상이나 선입견으로 쉽게 상대방을 판단하지 않도록 자연스러운 만남의 과정이 필요합니다.

 3일째 만남의 날은 앞으로 일 년 동안 평화로운 학급을 함께 만들어 갈 친구들과 처음으로 교류하며 서로를 공감하는 날입니다. 만남의 날을 통해 편안하고 자연스러운 분위기를 만들어 가면서 학생과 학생, 학생과 교사의 관계가 평화롭게 시작될 수 있을 것입니다.

 학기 초가 되면 어느 교실에서나 자기소개 활동이 이루어집니다. 그러나 학기 초 자기소개라 하면 자신의 이름, 가족, 취미나 특기, 장

래희망, 좋아하는 음식 등을 이야기하는 데 그치게 되죠. 요즘엔 굳이 앞에 나와서 소개를 하지 않더라도 이런 내용들을 채워 넣는 다양하고 재미있는 활동을 한 후 교실 뒤편에 학생 작품을 게시해 두기도 합니다. 하지만 방법이 어떠하든 매해 반복되는 자기소개의 내용은 학생 간에 특별한 관심을 이끌어 내지는 못합니다. 또한 소개의 내용보다는 여러 사람들 앞에서 발표하는 모습이나 태도가 더 부각되기도 합니다. 따라서 만남의 날 첫 시간에는 물, 불, 흙, 공기에 비유하여 자신을 소개하는 시간을 만들어 볼 것을 제안합니다.

프랑스의 과학철학자이자 문학비평가인 바슐라르는 이미지의 물질성에 착안하여, 모든 이미지들을 물, 불, 공기, 흙의 네 가지 원소라는 기준에 의해 분류할 수 있을 것으로 생각했습니다. 또한 많은 시인이나 작가들도 시와 문학 작품 속에 물, 불, 흙, 공기라는 물질을 통해 자신과 세계를 표현했는데, 이처럼 학생들도 물, 불, 흙, 공기 중 하나에 비유하여 자신을 소개하는 것이 가능할 것이라고 생각했습니다.

물, 불, 흙, 공기라는 4원소론은 원래 고대 그리스 철학자 엠페도클레스 이래로 서구에서 널리 확산되어 온 인식론으로서 서양의 4원소론과 유사한 개념으로 동양에는 오행설(伍行說)이 있습니다. 오행이란 금(金), 수(水), 목(木), 화(火), 토(土)의 다섯 가지 원소를 뜻합니다. 이렇듯 물, 불, 흙, 공기의 4원소가 아니더라도 동양의 5행설에 비유하거나

---

13 바슐라르가 관심을 가진 것은 이미지 대상의 물질로서, 물질을 형태가 아닌 그것이 가지고 있는 물질성을 기반으로 발전해 나가는 상상력이다. 예를 들어 물은 형태가 없지만 거대하고 무거운 이미지, 죽음의 이미지를 가지고 있다. 동일한 물질이라도 상황에 따라 전혀 다른 속성의 이미지를 만들어 낸다(『상상력과 가스통 바슐라르』, 2005, 살림출판사).

또는 월, 화, 수, 목, 금, 토, 일과 같이 달, 불, 물, 나무, 쇠, 흙, 해에 자신을 비유해서 소개하는 것도 가능할 것입니다.

또한 모든 원소들은 서로 연결되어 영향을 주고받으며 변형되고 흘러가듯이 자기소개의 마지막 부분에는 '지금의 나'는 차가운 물의 성질을 가지고 있어도 '앞으로의 나'는 따뜻한 불의 성질을 조금 더 가지고 싶다는 바람도 자연스럽게 이야기할 수 있습니다.

기존의 방법 대신에 물, 불, 흙, 공기에 비유하여 자기를 소개하는 이유는 자기소개가 단순히 자기 자신을 다른 사람에게 드러내는 것만이 아니라 처음 만난 친구들과 교감하고 교류하는 데에 더 큰 목적을 두고 있기 때문입니다. 애니어그램이나 MBTI와 같이 기존에 있는 성격유형검사를 이용하여 자기소개를 할 수도 있겠지만 물, 불, 흙, 공기에 비유하여 자신을 소개하면 같은 물이라도 잔잔한 호수, 거센 파도, 졸졸 흐르는 시냇물, 고여 있는 우물 등 이미지의 다양한 물질성에 비추어 자신만의 고유한 특징이 훨씬 더 다양한 모습으로 드러날 수 있으며, 해마다 하는 진부한 자기소개의 내용이 아니기 때문에 듣는 사람도 더 적극적으로 공감하며 경청하게 됩니다. 또한 비유적인 표현을 사용하면 조금 더 간접적으로 자신을 드러내게 되기 때문에 서로에 대한 선입견과 편견을 줄여 줄 수 있습니다. 예를 들면 몸집이 크고 얼굴이 다소 무서워 보이는 친구가 자신을 잔잔한 물에 비유하여 소개한다면 학생들은 겉만 보고 판단하는 것이 편견이었음을 깨닫게 됩니다.

이렇듯 물, 불, 흙, 공기에 비유하여 자신을 간접적으로 소개하게 되면 학생의 능력이나 배경은 어느새 보이지 않게 되고 모든 학생들이 평등한 느낌을 갖게 됩니다. 또한 학생들 스스로 자기 자신을 깊이 들여다봄으로써 자기가 몰랐던 자기의 모습을 발견하게 되며, 교사 또한 편견으로부터 벗어나 학생을 다른 시선으로 바라볼 수 있게 됩니다.

이렇게 1, 2교시에 걸쳐 자기소개를 끝내고 나면 3교시에는 서로의 이름을 써 보는 활동을 통해 학급 구성원들의 존재를 확인해 보는 시간도 의미 있을 것입니다. 누군가 내 이름을 정성스럽게 써 주고, 정답게 불러 준다는 것은 인정을 받는다는 느낌과 서로에 대한 소속감을 줄 수 있습니다. 그리고 4교시에는 〈우정의 나무〉라는 노래를 배워 보면서 우정의 의미를 되새겨 보고 앞으로 일 년 동안 우정의 나무를 잘 키워 갈 수 있도록 독려하는 시간을 가지며 만남의 날을 마무리하도록 합니다.

## 1장 물, 불, 흙, 공기로 자기소개하기

만남의 날의 첫 시간에는 학생들에게 지금까지와는 다른 방식으로 자기소개 시간을 가져 보겠다고 이야기합니다. 자기소개의 목적은 단순히 자기를 표현하여 전달하는 것이 아니라 친구들에 대한 잘못된 편견과 첫인상을 버리고 서로에 대해 더 깊이 이해하고 공감하며 함께 교류하기 위함임을 자세하게 안내해 줍니다. 그리고 칠판에 물, 불, 흙, 공기에 비유하여 자기소개하기라는 제목을 적습니다. 이 세상은 물, 불, 흙, 공기로 이루어져 있으며 사람도 크게는 이 네 가지의 유형으로 나뉘는데, 자신은 어떤 것에 비유할 수 있는지 떠올려 보라고 합니다. 그러면 대부분의 아이들은 굉장히 직관적으로 자신을 비유할 것입니다.

쉽게 떠올리지 못하는 학생들에게는 물, 불, 흙, 공기가 각각 어떤 특징이 있는지 충분히 생각해 볼 수 있도록 교사가 적절한 발문을 이끌어 주면 좋습니다. 예를 들어 4원소 중 하나인 물에 대해 학생들과 이야기해 보자면, 물은 손에 잡을 수 없고, 만질 수 없으며 어떤 그릇에 담느냐에 따라 형태나 모양이 바뀝니다. 그래서 어떤 환경에서나 잘 적응하고 동화되는 사람을 물에 비유할 수도 있습니다. 물은 잔잔히 고여 있는 호수가 될 수도 있고 거칠게 떨어지는 폭포가 될 수도 있습니다. 작은 웅덩이일 수도 있고 드넓은 바다일 수도 있습니다. 그래서 자신을 물 중에서도 호수, 폭포, 웅덩이나 바다로 더 세분화해서 표현할 수도 있습니다. 또한 물은 이 세상의 살아 있는 모든 생물에게 꼭 필요한 것이기에 나도 그렇게 모두에게 필요한 존재가 되고 싶다는 자신의 바람을 담아낼 수도 있습니다. 공기를 설명할 때도 바람도 공기이고, 향기도 공기라고 할 수 있습니다. 이렇게 다각적인 측면에서 그 원소의 특징을 이야기 나누다 보면 학생들이 자신을 비유하는 물질을 찾을 때에 훨씬 더 쉽게 접근할 수 있게 됩니다.

좀 더 다채롭게 활동하길 원한다면 월(달), 화(불), 수(물), 목(나무), 금(쇠), 토(흙), 일(해)에서 자신과 비슷한 것을 떠올려 보게 합니다. 간혹 어떤 학생들은 자연물이 아닌 장난감이나 게임 속 캐릭터 등에 비유하면 안 되느냐고 묻는 학생들도 있습니다. 그럴 때는 가능하면 가장 가까운 특징을 지닌 자연물을 떠올려 보라고 하는 것이 더 좋습니다. 이렇게 4원소의 특징들을 충분히 이야기 나눈 후에는 나의 현재 모습, 성격과 특징, 나의 장단점, 내가 되고 싶은 모습 등을 떠올리며 나와 가장 가까운 성질을 지닌 것이 무엇인지 생각해 보게 합니다. 그런 다음 〈물, 불, 흙, 공기로 자기소개〉 학습지¹⁴를 나누어 주고,

---

14 부록 참고: 3-1 〈물, 불, 흙, 공기로 자기소개〉 학습지.

위 칸에는 그림으로 표현하게 하며 아래 칸에는 그림과 연관 지어 나에 대한 설명을 자세히 쓰도록 합니다. 고학년의 경우는 나에 대한 설명 대신에 시로 표현해 보아도 좋고, 저학년의 경우 설명을 자세히 쓰기가 어렵다면 그림만 그려서 나의 그림을 말로 설명해 보게 하면 됩니다.

학습지에 자신의 소개를 다 적고 나면 교사는 간단하게 전체 학생들에게 물, 불, 흙, 공기 중에서 나를 무엇에 비유했는지 손을 들어 보게 하고 나와 같은 원소를 선택한 친구들이 누가 있는지, 다른 친구들은 어떤 원소를 선택했는지 먼저 살펴보게 함으로써 잠시 후 있을 친구들의 발표를 더 관심 있게 들을 수 있도록 유도합니다. 발표가 아닌 게시를 통해 교류할 수도 있습니다.


## 2장 친구의 이름 쓰고 선물하기

3교시는 본격적인 교류의 시간입니다. '친구 이름 선물하기' 활동을 하는 것입니다. 학년 초, 낯선 가운데 서로의 이름을 안다는 것은 그 사람에 대한 관심의 정도를 의미합니다. 이제 겨우 얼굴을 익힌 정도의 사이이지만 '야'라고 부르지 않고 내 이름을 불러 주는 순간 그 친구에 대한 호감과 관심은 급격하게 커질 것입니다. 김춘수의 〈꽃〉이라는 시에서와 같이 누군가가 내 이름을 불러 준다는 것은 그만큼 그 사람에게 있어 나는 어떤 의미로든 존재하고 있다는 것일 테니까요. 그리고 모든 아이들은 누군가에게 의미 있는 사람이 되고 싶어

하니까요.

이름은 곧 그 사람을 의미합니다. 이름을 귀하게 여겨 써 주는 것은 곧 그 사람을 귀하게 여겨 주는 것이나 다름없습니다. 학생들이 내 이름이 아닌 다른 사람의 이름을 정성스럽게 써 본 경험이 몇 번이나 있을까요?

아마도 거의 없을 것입니다. 우리 반 친구들 모두의 이름을 라벨지에 한 명 한 명 정성스럽게 쓰다 보면 친구들을 소중히 여기는 마음을 갖게 됩니다. 이것을 학급 게시판에 전시하거나, 서로 주고받는 활동으로 이어 볼 수 있습니다. 모르는 친구에게 이름 스티커를 선물로 주려면 그 친구의 이름을 큰 소리로 불러야 합니다. 이때 선물을 주고받는 학생들의 얼굴엔 행복한 미소가 가득할 것입니다. 활동을 끝내면 학생들은 의외로 쉽게 친구들의 이름을 기억하고 불러 주는 모습을 보게 됩니다. 또한 친구들과 나눈 이름 스티커를 소중하게 간직하는 모습도 흐뭇함을 자아냅니다.

## 친구 이름 선물하기

1. 우리 반 학생 이름이 모두 들어갈 수 있는 칸이 나눠진 라벨지, 우리 반 명단이 적힌 종이를 나누어 준다.

2. 우리 반 명단을 보고 라벨지에 친구들의 이름을 한 칸에 한 명씩 정성껏 꾸민다. 칸이 남으면 선생님의 이름도 꾸며 달라고 말한다.

3. 학급의 모든 친구들이 이름 꾸미는 활동을 끝마칠 때까지 기다린다. 이때 먼저 끝낸 친구들은 조금 더 예쁘게 꾸미거나 친구들의 이름을 외어 보라고 한다.

4. 꾸미는 활동이 끝났으면 내가 꾸민 친구들의 이름을 한 명씩 외치고 그 친구가 있는 곳으로 찾아가서 서로 인사를 나눈 후 이름 스티커를 선물로 주고받는다. 선물로 주고받을 때는 반드시 '고마워'라고 감사 인사를 나누게 한다.

5. 친구의 이름은 그 친구가 자주 쓰는 노트 뒷면에 차례대로 붙여 주도록 한다.

## 3장 평화의 노래 배우기 <우정의 나무>

만남의 날의 마무리 활동으로 4교시에는 <우정의 나무>라는 노래를 배워 봅니다. 노래는 가랑비에 옷 젖는 줄 모르게 서서히 우리 아이들의 마음을 변화시키는 힘이 있습니다. 특히나 이 노래는 가사에 주목해 볼 필요가 있습니다. 새 학년에 올라오고, 우연인 것 같지만 수많은 아이들 가운데에서 한 반으로 묶이고, 좋든 싫든 일 년을 같이 지내야 할 친구들. 이제 겨우 이름 정도 외운 사이지만 앞으로 일 년 동안 좋은 관계를 유지하며 지속적으로 우정을 쌓아 나가야 하는 것은 모든 아이들의 숙제일 것입니다.

부록 참고: 3-2 <우정의 나무> 악보.

만나면 이유 없이 기쁨이 솟아야
나무들과 함께 자라고 새들이 울어야
우정은 깊게 뿌리내린다
서로 지배하지 않고 마음 편해야
일방적이지 않아 서로 억울하지 않아야
우정은 곧게 자라난다.


신뢰를 배신으로 갚지 않아야
지킬 건 지켜서 도를 넘지 않아야
우정은 굳게  뻗어 간다
힘들고 비틀거리면 서로 위로해야
잘 살펴 충고해 주고 서로 격려해 줘야
우정은 풍성하게 자란다.

'친구와의 우정을 잘 쌓아 가기 위해서는 어떤 노력이 필요할까요?' 이런 질문을 학생들에게 던진다면 '배려해요', '존중해요', '서로 믿어 주어요'와 같은 대답들이 마치 준비된 듯 술술 나올 것입니다. 이 모든 말들이 다 맞지만 그중에서도 반드시 필요한 것은 '힘의 평등'이라고 생각합니다. 누가 누구를 지배해서도 안 되고 지배당해서도 안 되며 서로가 동등하고 편안한 관계일 때 우정이 싹틀 수 있습니다. 위 시의 내용처럼 말이죠. 그리고 지킬 건 지켜 주고 도를 넘지 않는 것! 이 두 가지만 잘 지켜도 교실에서의 학교폭력을 많은 부분 예방할 수 있을 것입니다.

이 외에도 신뢰, 위로, 충고, 격려 등 여러 가지가 더 동반된다면 우정의 나무는 깊이 뿌리내리고 풍성하게 자랄 것입니다. 〈우정의 나무〉라는 노래는 학생들과 이러한 우정의 의미를 되새기며 불러 보기 좋은 노래입니다. 노래 배우기가 끝나면 우정을 키우기 위해 나에게 가장 필요한 것은 무엇일지 생각해 보고 열매 모양 활동지에 적어 보게 합니다. 열매 모양의 포스트잇을 활용해도 좋습니다. 교사는 커다란 학급 나무를 미리 준비하여 우정의 나무라 소개하고 작성한 활동지를 붙이게 합니다. 이렇게 제작된 학급의 우정의 나무는 보기도 좋고 의미도 있어 학급의 평화로운 분위기를 살려 줄 것입니다.

# 자기우정의 날

깊이 읽기

4일쯤 되면 갈등 상황을 자주 일으키는 학생이나 친구들과 교류가 없는 학생 등 특별한 지도와 도움이 필요한 학생들이 눈에 들어옵니다. 이들 중 몇몇은 다른 친구들과 화목하게 지내기 위해서 어떻게 해야 하는지 잘 모르는 듯 보입니다. 하지만 잘 알고 있어도 실천으로 옮기지 못하는 경우가 훨씬 더 많습니다. 다른 사람을 근거 없이 의심하는 것보다 믿어 주는 것이 좋고, 슬퍼하는 친구를 모른 척하기보다는 다가가서 위로하는 것이 좋고, 속이기보다는 정직하게 말하는 것이 좋다는 것은 누구나 잘 알고 있습니다. 그러나 실제로 그렇게 행동하는 것은 쉽지 않습니다. 왜 그럴까요? 여러 가지 이유가 있겠지만 중요한 이유 한 가지는 먼저 자기 자신을 그렇게 대하지 못하기 때문입니다. 자기 자신을 믿어 주는 사람, 슬플 때 자신을 위로하는 사람, 스스로 속이지 않는 사람이 되어야 다른 사람들에게도 나에게 했듯이 그렇게 대할 수 있기 때문입니다.

이 세상에서 친구는 제2의 자기라고 합니다. 이 말을 다른 방법으로 해석해 보면 나 자신이야말로 제1의 친구라는 말과 같습니다. 제1의 친구와 좋은 관계를 맺는다는 것은 정체성을 확립한다는 말입니다. 정체성을 세우지 못한 사람은 제2의 친구와 친밀하고 화목한 관계를 맺을 수 없습니다. 여기서 말하는 제2의 친구는 한두 사람의 친한 친구만을 뜻하는 것이 아니라 이 세상의 모든 사람을 뜻합니다. 왜냐하면 '우연'이라는 조건이 충족되어 기회가 온다면 우리는 이 세상 어느 누구라도 친구가 될 수 있기 때문입니다.

나 자신을 사랑하는 사람이 타인을 사랑할 수 있다는 이야기를 많이 들어 봤을 것입니다. 이를 증명하는 연구논문도 매우 많이 있지요. 그러나 우리는 조심해야 할 것이 있습니다. 이러한 논리에서 강조되는 자존감 교육이 자칫 자기 자신을 무조건적으로 받아 주고 사랑하는 것으로 치우칠 수 있다는 것입니다. 자기애와 개인의 행복 그 자체가 교육의 목적이 되어서는 안 됩니다.

나를 존중하고 바로 세우는 것은 타인을 존중하고 함께 어울려 화목하게 살기 위함이며, 서로 평화롭게 지내다 보니 행복은 그 결과로 주어지는 것입니다. 학생들이 나의 자아실현과 행복을 위해서 살아간다면 그 학급은 인정욕망과 인정투쟁으로 인해 센 척과 따돌림, 폭력과 방관이 난무할 것입니다. 반대로 학생들이 평화로운 세상을 만들기 위해 나와의 우정을 쌓아 간다면 학생들은 서로 간의 깊은 우정을 쌓아 가며 성장과 성숙, 온전한 행복을 느낄 수 있을 것입니다.

이렇게 학생들이 우정을 만들어 가도록 하는 것이 우정교육입니다. 우정교육은 자기와의 우정과 타자와의 우정으로 나눌 수 있습니다. 이 둘은 불가분의 관계가 있으며 상호작용을 합니다. 자기우정교육으로 출발하여 타인과의 건전한 관계를 배워 가는 것입니다. 그렇다고 자기우정교육이 꼭 먼저 이루어져야 한다는 뜻은 아닙니다. 자기우정교육은 우정교육을 강화하고, 우정교육은 자기우정교육을 강화할 수 있습니다. 자기수행과 수양이 타자와의 관계에서 요구되는 수행, 수양과 불가분의 관계가 있기 때문입니다.

기존의 인성교육은 영역과 내용이 매우 광범위합니다. 하나하나가 모두 중요한 듯 보이지만 그 모든 것을 하려고 하면 어느 것도 제대로 할 시간이 부족합니다. 어쩌면 아무것도 하지 않은 것과 마찬가지가 되어 버릴지도 모릅니다. 귀하고 아름다운 장신구라고 해서 모두 몸에 치장한다면 그 좋은 것들도 누더기처럼 보이고 심지어는 이상한 사람으로 오해를 받을 수도 있을 것입니다. 이것저것 인성교육을 프로그램 식으로 운영하는 것만으로는 학생들의 변화를 이끌어 내기 어렵습니다. 따라서 우정과 관련된 덕목을 집중적으로 선정하여 지도해야 합니다. 자기우정-우정교육의 목표는 무엇보다도 교실에서 학생들이 우정을 나누면서 화목하고 평화롭게 살아가는 데 필요한 덕목과 수행방법을 알려 주는 것입니다.

자기우정의 날에는 자기우정이 무엇인지 학생들과 함께 알아보는 시간을 가져 봅니다. 자기우정이 생소한 학생들이 그들의 눈높이에서 개념을 이해할 수 있도록 해야 합니다. 자기우정에 대한 개념을 정확히 이해한 후 자기우정을 키우기 위해 필요한 덕목을 살펴보는 것이 좋습니다.

이를 위해 자기 자신에게 '나'라는 친구가 있다는 것을 먼저 인식하

---

16 부록 참고: 4-1 자기우정 덕목.

게 하고, '나'와 친구 맺기 위해서는 객관적인 거리를 두며 대화가 필요하다는 것을 가르쳐 줍니다. '나'라는 친구와 우정의 대화를 나눌 수 있어야 자기우정도 키울 수 있습니다. 자기우정에 필요한 덕목은 자기우정 대화법과 결합하여 차근차근 설명해 주고, 풍부하게 예시를 들려줍니다. 자기우정 대화법을 훈련함으로써 자신을 위로하고 격려하며 때로는 인내하도록 이끌고, 잘못된 점은 충고하면서 자기우정을 키워 갈 수 있다는 것을 학생들이 공감할 수 있게 해야 합니다.

자기우정이 기본이 되어야 자기 자신을 성찰하는 힘이 생깁니다. 그것을 시작으로 타자와의 우정, 즉 다른 친구들과의 바른 우정을 만들어 갈 수 있습니다. 자기우정의 날은 '자기우정'에 대해 배우는 첫 시간으로 생소한 개념을 대략적으로 이해하며, 앞으로의 자기우정 교육 활동에 대한 기대감을 불어넣는 날입니다.

## 1장 나와 친구 맺기

자기우정의 날, 첫 시간에는 자기 자신을 우정의 대상으로 깨닫는 활동을 하는 것이 좋습니다. 친구라고 하면 내가 아닌 다른 사람과 우정을 나누는 관계라고 생각하지만, 최고의 단짝이 될 수 있는 사람이 바로 나 자신입니다. 그런데 학기 초 새로운 공간에 들어선 학생과 학부모들은 다른 사람들에게 관심이 많습니다.

"선생님은 성격이 어떠시니? 친해진 친구는 있니? 짝은 어떠니? 혹시 괴롭히는 아이들은 없니?" 간혹 급식의 맛이나 교과 수준을 궁금해하는 분들도 있지만, 자녀가 학교에서 좋은 관계를 맺고 지냈으면 하는 바람이 앞서 이런 질문을 많이 합니다. 학생들도 마찬가지입니다. 아직은 독립된 하나의 점조직 상태로 어떤 친구와 관계의 선을 이어 그룹을 지을지, 어떤 친구를 경계할지를 의식하게 됩니다. 그러나 관계를 맺게 될 그 어떤 누구보다 먼저 깊이 생각해야 할 사람이 있습니다. 그것은 우리 자신입니다. 관계를 잇는 모든 수선은 바로 나라는 시작점부터 연결되기 때문입니다.

먼저 3일간의 활동을 돌아보며 서로를 소개하며 나누었던 것을 상기하기 위해 몇 가지 질문을 던져 봅니다. 질문은 매우 쉬워서 모두 알 수 있는 수준부터 시작합니다. "짝의 이름은 무엇일까요? 우리 반에 형제가 다섯 명 있는 사람은 누구였지요? 지난 시간에 자기 자신이 큰 바위 같다고 했던 사람은 누구일까요?" 질문이 어려워질수록 잘 맞히지 못할 것입니다. 아직은 서로 잘 알지 못하는 것을 학생들이 매우 당연한 것으로 받아들이도록 안내합니다. 1년 동안 더 깊이 알아 나가야 하고 이미 아는 친구라 해도 새로운 눈으로 친구들을 바라보며 우정을 쌓아 갈 것이라고 안내합니다. 그리고 질문을 합니다. 한 문제씩 적어 나가며 학생들의 다양한 대답을 모두 수용하며 들어 줍니다.

* 이 친구는 비밀 이야기를 매우 잘 들어 주고 비밀을 잘 지켜 줘요.
* 이 친구는 여러분이 억울한 일을 당했을 때, 여러분의 편이 되어
  줄 거예요.
* 이 친구는 여러분의 장점과 단점에 대해서 굉장히 많이 알고 있
  어요.
* 이 친구는 여러분이 교실에 처음 들어왔을 때의 그 마음을 알고
  있어요.
* 이 친구는 여러분의 잘못이나 나쁜 행동을 지적해 줄 수도 있어요.
* 이 친구는 좋든 싫든 언제나 나와 함께 있어요.

위에 제시된 문제 외에 다양한 질문을 할 수 있습니다. 질문을 할 때는 답이 내가 될 수도 있고 남이 될 수도 있는 문장을 앞으로 배치하고, 자기 자신만이 답이 될 수 있는 질문으로 옮겨 가도록 합니다. 그리고 질문에 대해 답을 하는 학생들의 이야기에 반응하며 의문점을 제기합니다. "영수가 비밀 이야기를 잘 들어 줄 것 같다고요? 선생님도 속상할 때 영수에게 갈게요. 영희는 억울한 친구의 편이 되어 주는군요. 1년 동안 계속 학급의 친구들의 편이 되어 주세요. 그런데 내가 억울할 때 영희가 옆에 없으면 어쩌죠?" 질문이 계속될수록 학생들은 조금씩 어리둥절해할 것입니다. 결국은 친구와 선생님, 가족도 항상 나와 함께 있을 수 없다는 것을 알게 되지요. 도대체 저렇게 좋은 친구가 있기나 할까 의심할 수도 있고, 나 자신이라고 답을 맞히기도 할 것입니다. 이렇게 학생들이 나라는 친구를 발견하는 시간을 충분히 가질 때 교육의 효과를 더욱 높일 수 있습니다. 왜냐하면 그 과정을 통해 우리가 얼마나 자기 자신을 염두에 두지 않고 살아왔는지 크게 깨닫기 때문입니다.

자기우정을 키우면 좋은 점을 학생들과 함께 이야기해 보고 나서, 나에게 첫인사를 하는 것으로 1교시를 마무리합니다. 나 자신을 오늘 처음 안 것처럼, 나 자신이지만 내가 아닌 것처럼 인사 편지를 쓰도록 합니다. 그저 한두 마디면 됩니다. 〈나에게 첫인사 편지 쓰기〉[17] 활동지나 포스트잇, 공책이 될 수도 있습니다. 학급에서 일기 쓰기 활동을 한다면 일기장을 자기대화 공책으로 1년 동안 사용하도록 하

17 부록 참고: 4-2 나에게 첫인사 편지 쓰기.

고, 첫 표지에 인사를 쓰도록 합니다. 시간이 남아 있다면 표지를 꾸미도록 하는 것도 좋겠지요. 나 자신과 이야기를 나누는 것이 자기대화입니다. 자기대화의 내용과 방법은 여러 가지가 있는데, 이 시간에는 구체적인 지도나 제한을 하지 않고 자유롭게 쓰도록 하는 것이 좋습니다. 특별한 안내가 없어도 학생들은 스스로에게 말을 거는 것을 어색해하지 않을 것입니다.

## 2장 내가 걸어온 길 돌아보기

내 단짝 친구인 내가 그동안 어떻게 살아왔는지 되돌아봅시다. 이 활동은 나에게서 조금 멀리 떨어져서 타인의 눈으로 나를 바라보는 것을 연습하는 것입니다. 1세부터 현재의 나이까지 적혀 있는 수직선에 기억에 남는 일들을 그리거나 적습니다. 저학년은 나이별로 사진을 붙이거나 그림을 그리도록 하고, 고학년의 경우에는 기억에 남는 일을 글이나 그림으로 정리하게 해도 좋겠지요. 기억이 나지 않는 나이는 비워 두게 하여 부담을 주지 않습니다. 〈내가 걸어온 길〉[18] 학습지 대신에 인생그래프를 해도 좋습니다. 나의 인생을 종이 한 장에 옮긴 후 바라보는 경험은 자기우정을 키우는 데 중요합니다. 내가 나를 객관적으로 볼 수 있어야 칭찬도 할 수 있고, 비판도 할 수 있기 때문입니다.

---

18 부록 참고: 4-3 〈내가 걸어온 길〉 학습지.

〈내가 걸어온 길〉 학습지를 완성한 후, 〈나-나 대화 편지〉 학습지에 편지를 씁니다. 편지를 쓰기 위한 생각 열기 활동을 먼저 해 봐도 좋습니다. 모든 인간관계의 초석은 대화입니다. 제1의 친구가 되려면 내가 나에게 대화하는 나-나 대화가 이루어져야 합니다. 제2의 친구가 되기 위해서는 나-너 대화가 이루어져야 하겠지요. 비고츠키는 혼잣말이 가지는 교육적 의미를 밝혀냈습니다. 자기우정교육에서는 혼잣말을 나-나 대화로 표현했고 교수법으로 활용합니다. 학생들이 스스로에게 편지 쓰기, 혼잣말 등을 통해 나-나 대화를 연습할 수 있습니다. 나-나 대화를 잘하는 학생들은 다른 친구들과도 대화를 잘할 수 있습니다.

나-나 대화를 위한 편지 쓰기 활동 전에 눈을 감고 차분히 자신을 들여다보는 것도 좋습니다. 내가 나를 바라보도록 하는 것입니다. "눈을 감으세요. 어깨, 손, 몸의 힘을 차례로 뺍니다. 숨을 한 번 크게 들이쉬고 내쉽니다. 그리고 눈을 감고 있는 나를 봅니다. 가까이에서 표정을 봅니다. 이젠 조금 멀리서 바라봅니다. 자, 이제 가만히 눈을 떠 보세요. 우리는 나 자신이 아닌 눈으로 우리를 보았습니다. 같은 마음으로 나 자신에게 편지를 써 볼까요?"라고 말하며 활동을 시작할 수도 있겠지요.

부록 참고: 4-4 〈나-나 대화 편지 쓰기〉 학습지.
부록 참고: 4-5 〈나-나 대화를 위한 생각 열기〉 학습지.
비고츠키는 언어를 사회적 언어와 사적 언어로 분류하였다. 사회적 언어가 다른 사람들과 의사소통하는 것이라면 사적 언어는 아동이 자신의 행동과 사고를 조절하기 위해 자기 자신과 의사소통하는 것을 말한다. 비고츠키는 사적 언어가 아동의 혼잣말에서 시작하여 증가하다가 밖으로 들리지 않는 내적 언어로 발달해 간다고 보았다.

나를 위로하는 말, 나를 공감해 주는 말, 나에게 충고해 주는 말 등을 어떻게 하는지 나-나 대화의 예를 들어 주어도 좋습니다. 자기와의 대화가 열린 친구들은 자유롭게 써 내려가도록 하고, 어떻게 해야 할지 모르는 친구들이 있다면 교사가 따로 도움을 줍니다. 교사는 이날 공책 한 권을 준비해 오게 하여 처음 쓴 나-나 대화 편지를 첫 장에 붙이게 해도 좋겠지요. 이 공책을 자기우정공책으로 정해서 일 년간 꾸준히 자기대화를 적어 내려가자고 제안해 봅니다.

## 3장 자기우정 진단하기

　우정을 나누는 관계는 다른 관계보다도 덕이 요구되는 관계입니다. 자기우정을 키우기 위해서 지켜야 할 덕목들이 있습니다. 따돌림사회 연구모임은 자기개방, 자기위로, 자기신뢰 등 20가지의 자기우정 덕목을 만들었습니다. 이것은 우정 덕목 20가지와 연결되어 있습니다. 자기우정 덕목에 대해 자세히 배우기 전에 "나는 나의 잘못이나 약점, 속마음을 숨기지 않고 스스로에게 솔직하게 말하고 인정할 수 있나요?"와 같은 간단한 질문을 통해 진단하기 활동[22]을 진행할 수 있습니다.

---

22 부록 참고: 4-6 〈자기우정 진단〉 학습지.

### 자기우정을 살펴보아요

자기우정의 정의와 질문을 읽고 오른쪽의 자기우정 덕목을 오려서 〈나의 자기우정 점수〉 표에 붙여 보세요.

| | |
|---|---|
| 1. 자기개방이란 자기 자신에게 거짓말하지 않고 솔직한 것입니다.<br>나는 나의 잘못이나 약점, 속마음을 숨기지 않고 스스로에게 솔직하게 말하고 인정할 수 있나요? | 자기<br>개방 |
| 2. 자기위로는 자신의 슬픔을 받아 주고 달래 주는 것입니다.<br>외롭고 쓸쓸할 때 나는 충분히 울고, 스스로 하소연도 하고, 위로하는 말을 건넬 수 있나요? | 자기<br>위로 |
| 3. 자기신뢰는 자신을 믿어 주고 의지하는 것입니다.<br>나는 항상 잘하려고 | |

학생들은 자기우정을 진단하는 과정에서 자기우정의 덕목에 대해 새롭게 알게 될 것이며, 1년 동안 부족한 덕목을 키우고자 하는 마음을 갖게 될 것입니다.

진단을 마친 후, 앞으로 더욱 필요하다고 생각되는 자기우정 덕목을 적어 보고 그 이유를 적습니다. 그리고 친구들과 함께 나누며 발표해 보는 것도 좋습니다. 교사가 먼저 자신의 자기우정 진단 결과를 공개하는 것도 좋겠지요. "선생님은 자기 비움이 필요한 것 같아요. 내가 알고 있는 것이나 확신하는 것이 때로 옳은 것이 아닐 수도 있는데 가끔 고집을 피우고 후회할 때가 많아요. 때로는 맞다 생각하는 것도 잠깐 아닐 수도 있다고 내려놓을 필요가 있는 것 같아요. 그래야 더 좋은 것, 더 중요한 것, 맞는 것들이 들어올 수 있겠지요. 선생님은 일 년 동안 자기 비움을 더욱 실천해 볼래요." 이렇게 쓰고 나눈 것들이 일회성으로 끝나지 않고 지속될 수 있도록 해야 합니다.

## 4장 평화의 노래 배우기 <내가 나를>[23]

　마지막 정리 시간, 배운 것들을 모두 기억하기 위해 자기우정 노래를 배우려고 합니다. 자기우정 노래 하나만 잘 배웠더라도 자기우정에 대해서 잘 배운 것입니다. 자기우정 노래 가사에 자기우정의 방법, 목적, 내용 등 모든 것이 녹아 있기 때문입니다. 노래를 가르칠 때는 가사를 쪼개어서 설명할 필요가 없습니다. 한 번은 그냥 듣고, 한 번은 흥얼거리면서 조그맣게 따라 하고 한 번은 조금 더 크게 따라 하면 됩니다.

　노래를 배운 후에는 다른 노래들과 마찬가지로 노래를 들을 수 있는 음원을 공유하여 집에서도 들을 수 있도록 해 주세요. 학기 초에 배우는 노래들은 그 어느 시기에 제시하는 노래들보다 더 잘 배우고 기억하게 될 것입니다. 이렇게 배운 노래들은 학생들의 기억 속에 장기 저장되어 자기우정교육의 내용들을 소환하는 역할을 할 것입니다.

---

23 부록 참고: 4-7 〈내가 나를〉 악보.

내가 나를 내가 나를
내가 나를 내가 나를
위로해 줘요 격려해 줘요
내가 일으켜 줘요

남모르게 아파 오면 내가 감싸 줘요
혼자 있어 외로우면 내가 가까이 가요
짓밟히고 억울하면 내가 위로해 줘요
눈물 맺히면 때로는 내가 흐르게 해요
남의 눈물 지워 주려 나의 눈물 그쳐요

남을 이기기 위한 자존감을 싫어해요
나를 이겨서 얻는 자부심을 좋아해요
쓸데없는 자기자랑 부끄러워해요
나와 싸워 이기라고 내가 일으켜 줘요
옳은 일에 망설이면 내가 격려해 줘요

# 학급 조직과
# 선언의 날

새 학기가 시작된 지 다섯째 날이 되었습니다. 평화로운 학급 분위기가 안착되고, 학급 구성원들은 자연스럽고 편안한 교감을 이어 나가고 있습니다. 이맘때면 어느 초등학교나 학급 임원 선거가 이루어지곤 하지요. 초등학교에서도 자치 활동을 강화해야 한다는 목소리가 높아지고 있습니다. 그러나 정작 그 내용과 수준이 회장 선거나 몇 차례 진행되는 회의와 같이 형식적인 절차에 머물러 있는 경우가 많은 것 같습니다. 어른들을 모방하는 시끌벅적한 선거 문화, 당선이 되어도 대표의 역할이 무엇인지 알지 못하는 학생들, 발표 잘하는 아이들의 무대로 꾸며지는 학급회의 문화 등 개선해야 할 모습이 눈에 띄지만 어디서부터 어떻게 바로잡아야 할지 교사로서 늘 고민이 되지요.

교육과정을 꾸려 가는 것도 여의치가 않습니다. 시기마다 강조되는 잡다한 교육적 요구를 만만한 창의적 체험활동 안에서 수용하려다 보니 자치 활동은 시수를 확보하는 데에서도 뒷전으로 밀리기 일쑤지요. 창의적 체험활동 시수에 너무 연연하지 말고 토의 토론이나 연설은 국어 시간에, 시민의식이나 민주주의적 태도는 사회 시간에,

책임과 의무 또는 공정성, 경청의 태도는 도덕 시간에 다루는 등 본연의 수업 목표 속에서 충분히 다루라고 합니다. 또 부족하면 교육과정 재구성으로 수업 시수를 확보하고, 프로젝트 수업 등으로 심화시키면 된다고 합니다. 이렇듯 복잡한 실타래들이 얽히고설킨 가운데 결국 교사들에게 자치교육은 해도 되고 안 해도 되는 교육 활동으로 인식되어 온 것이 사실입니다.

교과 수업이나 재구성 문제는 차치하더라도 자치교육은 매우 역동적으로 다루어져야 하는 생활교육의 측면을 띠고 있습니다. 학급을 무대로 삼아 이루어지는 실제적인 자치 활동보다 더 좋은 교육의 경험은 없을 것이기 때문입니다. 교과가 주이고 실제 활동이 부가되는 것이 아니라 실제 활동이 주이고 교과는 그것을 보조하는 개념이 되는 것이죠. 그래서 때로는 정해져 있는 시간표대로 수업을 진행하는 것보다 학급회의를 통해 긴박한 학급 문제를 해결하는 것이 더 바람직한 학습 활동이 되기도 합니다. 학습과 생활이 동시에 이루어지는 교실은 학생들의 권리가 부딪히고 충돌하는 삶의 현장이라고 해도 과언이 아닙니다.

과거에는 교사가 최고 권위자로서 학급 문제를 해결해도 크게 문제 될 게 없었지만 요즘은 학생, 학부모 개개인의 의사와 요구를 반영해야 하는 시대가 되었습니다. 민주적인 의사결정 과정을 통해 문제를 해결하는 것이 필수 과정이 된 것입니다. 학급회의는 직접민주주의를 학생들이 체험해 보는 시간이기도 합니다. 그러나 절차만 부각시켜 형식적으로 이루어지고 있는 학급회의는 '민주주의란 다수결 제도'라는 단순한 공식을 학습시키고 있는지도 모릅니다. 학급회의를 통해 민주주의 정신을 풍부하게 체험하고 훈련하는 과정을 만들어 가되 자칫 형식화될 수 있는 측면을 보완할 수 있도록 권리, 평화, 화목, 우정이라는 공화적 가치를 실현하는 학급 자치 활동을 병행해 나가야 할 것입니다. 이와 같은 교육과정을 통해 학생들의 실질적인 평화 역량 또한 길러질 수 있을 것입니다.

새 학기 '학급 조직의 날'은 학급이 권리, 평화, 화목, 우정을 지향하는 특별한 공동체임을 인지하고 공감하는 날입니다. 학급의 대표를 선출하는 날이지만, 구성원 개개인이 이와 같은 학급 지향에 따라 자신의 위치와 역할을 찾아가는 날이기도 합니다. 한마디로 '학급 조직과 선언의 날'은 개인과 집단의 관계를 설정하는 날입니다. 교사는 이 날을 준비한다는 생각으로 사전에 틈틈이 안내를 해 주어야 합니다. 평화적 공화주의 학급이 지향하는 학급회의, 학급 회장, 학급 부서나 기구들의 의의와 가치, 필요성 등을 충분히 설명해 주어야겠지요.

학생들은 반복해서 이야기해 주지 않으면 금방 잊어버리기도 합니다. 말로 설명하는 것이 부족하다면 설문 활동을 통해 재차 안내하며 학생들의 참여와 관심을 모을 수 있습니다. 교사가 갑작스럽게 무언가를 제시하고 결정하게 하면 학생들은 대부분 어리둥절해할 것입니다. 이해가 빠른 아이들이야 자신의 뜻대로 선택하고 도전하지만 대부분의 학생들은 떠밀리는 느낌을 갖게 됩니다. 자신이 선택한 역할이 아니므로 애정을 느낄 수 없고, 새로운 위치와 역할에 대한 도전도 불가능해지겠지요. 모든 학생들이 잘 이해할 수 있도록 충분히 안내해 줌으로써 개별 학생들이 학급 안에서 자신의 위치와 역할을 잘 찾아가도록 성심껏 독려해 주어야 할 것입니다.

## 1장 평화기자단의 기자회견 및 학급 임원 선거

교사는 학급 회장단 선거 일정에 맞춰 선거규칙이나 방법에 대해
자세하고 정확하게 안내해 줍니다. 사전에 임시적으로 선거관리위원
회를 구성하여 선거 유세가 공정하게 이루어지도록 관리 감독하는
역할도 꼼꼼하게 챙겨 주어야겠지요. 이때 평화기자단도 임시적인 성
격으로 꾸려 볼 수 있습니다. 아무래도 회장 선거에 나오지 않은 학
생들 중에서 관심을 보이는 학생들이 있기 마련입니다. 교사가 각별
하게 신경을 쓰는 기구가 평화기자단임을 강조하면 임시 평화기자단
을 일종의 인턴의 과정으로 예고할 수 있습니다. 기자회견에서의 활
약 정도나, 기사문 등을 평가하여 정식으로 학급 평화기자단²⁴을 발
탁할 예정이니 교사와 함께하는 기본 훈련이 이루어지는 인턴 과정

---

24 학급 조직과 선언의 날 참고.

에 성실하게 임하도록 독려합니다. 기자수첩[25]도 하나씩 선물하면서 새로운 역할에 대한 자부심과 소속감도 느끼게 할 수 있습니다.

이렇게 임시 평화기자단은 후보자를 중심으로 1시간 정도(1교시) 기자회견을 준비할 수 있습니다. 회장단 선거를 단순한 인기투표나 스펙 쌓기의 수단으로 여기는 후보자가 당선 후에 리더십을 발휘하거나 자기 역할에 충실히 할 리 없습니다. 임시 평화기자단의 기자회견은 우리 학급의 대표는 이 정도의 자격은 갖춰야 한다는 무언의 암시를 주는 것이고, 평화의 가치를 공유하는 시간을 갖는 것입니다. 질문은 교사와 임시 기자단이 함께 준비하는 시간을 갖고, 누가 어떤 질문을 할지 역할을 나눌 수 있습니다.

앞서 학생들에게 배부된 설문[26]에서 학급 대표에게 바라는 점이나 필요한 덕목이 무엇인지에 대한 학생들의 의견을 질문 만들기에 활용할 수 있습니다. 예를 들면 다음과 같습니다.

"대부분의 학생들이 학급의 분위기를 잘 이끌어 줄 수 있는 회장의 자질이 중요하다고 보았습니다. 학생들이 친한 친구들끼리만 논다든지, 친구 사귀는 데 어려움을 겪는 친구들의 문제를 어떻게 화합으로 이끌어 나갈 생각인가요?"

"학급의 대표라면 어려운 일에 솔선수범하는 모습이 필요하다는 의견이 많았습니다. 궂은일에 먼저 앞장서고, 봉사할 준비가 되어 있습니까?"

---

25 부록 참고: 5-1 평화기자단 기자수첩.
26 권리의 날 설문지 부록 참고: 2-3 학급 조직을 위한 설문지.

공통적이거나 일반적인 질문으로만 진행되지 않도록 후보자에 대한 개별 인터뷰나 설문 활동을 통해 좀 더 의미 있고 예리한 질문을 건넬 수도 있을 것입니다. 다음과 같은 질문을 던질 수도 있을 것입니다.

"00 후보는 작년에도 학급 회장을 하신 적이 있는데요. 점수를 준다면 100점 만점 중 몇 점 정도라고 생각하십니까? 그렇게 생각하는 구체적인 이유는 무엇인지 궁금합니다."

"00 후보는 학급에 심각한 문제가 생기면 관심을 갖고 적극적으로 개입해 나갔다고 하셨는데요. 구체적인 사례가 있다면 자신이 당시에 어떤 역할을 했었는지 말씀해 주시기 바랍니다."

"00 후보는 공약으로 깨끗한 학급을 만드는 데 앞장선다고 하셨는데요. 평소 깨끗한 학급을 만들기 위해 어떤 실천을 해 오셨는지 궁금합니다. 학급에 제안할 구체적인 방안이 있으면 소개해 주시기 바랍니다."

실제 기자회견에서는 후보가 얼마나 준비되어 있느냐를 가늠하기 위해 질의응답이 즉석에서 이루어지지만, 학생들을 대상으로 한 기자회견에서는 질문지[27]를 미리 준비하여 후보자에게 배부하여 답변을 미리 적어 오도록 하는 것이 좋습니다. 후보자 또한 심사숙고하여 자신의 생각을 정리할 수 있고, 발표 실력이나 순발력만으로 회장을 뽑는 것이 아니라 두루두루 여러 면모들을 살펴볼 수 있는 과정이 됩니다.

---

**27** 부록 참고: 5-2 학급 임원 후보자 질의응답지.

기자회견을 마무리할 때 일반 청중 학생들에게도 질문의 기회를 주어 짤막하게 질의응답 시간을 가질 수도 있습니다. 평화기자단의 기자회견이 끝나면 본격적인 학급 회장 선거를 진행합니다. 기자회견이 이루어진 상태이므로 회장 입후보 소견 발표는 되도록 간단하게 진행해도 무방할 것입니다.

## 2장 학급 조직 활동

회장이 선출되면 공식적인 학급 총회를 시작합니다. 회의 진행에 익숙하지 않을 수 있으니 교사가 옆에서 도와주면 좋습니다. 학급 대표의 역할을 보완하고 견인하는 역할을 하는 정의그룹과 평화기자단을 먼저 꾸린 뒤 행정부 성격의 학급 부서를 차례차례 꾸려 나가는 순서라면 좋을 것입니다. 임시 평화기자단의 경우는 교사가 정식으로 임명하는 절차를 넣을 수 있습니다. 임시 활동에 열심히 참여한 학생들에게 정식 평화기자단의 명예를 안겨 주고, 앞으로의 기대감을 표현합니다.

평화기자단이나 정의그룹에서도 대표를 정할 수 있지만 처음엔 교사가 이끌어 주고 활동을 이어 가면서 학생들이 스스로 적임자를 뽑는 것도 좋을 것입니다. 학급 부서로는 수업에 도움을 주는 역할을 과목별로 나누어 부장을 둘 수 있습니다. 아마 평화기자단이나 정의그룹의 경우는 생소하고 어려울 것 같은 느낌이 들어 기존의 방식대로 부서를 맡기를 원하는 학생들도 많을 것입니다. 책임을 지는 것이 부담스러워 작은 역할을 고집하는 아이들도 있을 것입니다. 부서에서 하는 일이나 부장의 역할을 자세히 안내하고 공유하는 것이 필요할 것입니다. 학급에서는 기존에 운영하던 부서는 그대로 두고, 평화기 자단이나 정의그룹을 추가시킬 수도 있고, 부서 역할을 적절히 재조직화하는 방법도 있습니다. 학급의 상황에 맞게 재량껏 운영하되 학급별 학생 수에 맞춰 부장이나 부원의 수를 조정합니다.

여기까지 진행하면 생활과 학습에 필요한 학급 조직이 거의 완성됩니다. 부서가 너무 많아져도 복잡하기만 하고 운영하기 어려워질 수도 있으므로 되도록 교사가 학급 대표들과 긴밀하게 소통하면서 회의 진행 외에도 때에 따라 학급에 필요한 역할을 충분히 부여하는 것이 좋을 것입니다.

## 3장 학급 평화선언식, <평화의 세상> 노래 배우기

수업 시간이 일단락되었으면 마지막으로 평화선언식을 합니다. 우리나라 역사를 되돌아보면 중요한 순간마다 국민들의 염원을 담은 선언문이 낭독되었습니다. 일제 강점기 조국의 독립을 외치던 기미독립선언서, 광주학생운동 선언서, 민주화를 외치던 선언서 등에는 선언 주체들의 권리와 약속이 선포되어 있습니다.

학급 조직과 선언의 날을 마무리하면서 학급 구성원들의 권리와 약속을 나열한 선언문[28] 낭독의 시간을 가져 봅니다. 교사는 선언 의

---

28 부록 참고: 5-3 평화선언문.

식의 의미와 절차 등을 차분하게 안내하고, 학생들에게 진지한 태도로 의식에 참여해 줄 것을 당부합니다. 이때 유명한 선언문 자료를 보여 주면서 당시의 역사 속 이야기를 전달해 주어도 좋습니다. 우리나라뿐만 아니라 미국의 독립선언문같이 한때는 식민지였던 나라들이 독립을 할 때 외쳤던 선언문을 소개해 주어도 좋겠지요.

평화선언식의 식순은 학급 대표의 평화선언문 낭독과 구호 제창에 이어 함께 부르면서 정리할 수 있습니다. 교사는 먼저 평화선언문에서 함께 제창할 〈평화의 세상〉이라는 노래를 배워 보는 시간을 준비합니다. 노래의 가사를 읽어 보고 권리, 평화, 화목, 우정의 의미가 무엇인지 해석의 시간을 마련하면 좋겠지요. 노래를 들어 보고 어러 차례 불러 보면서 노래를 익힐 수 있도록 합니다.

## 평화의 세상[29]

나는 어젯밤 꿈속에서 꽃이 만발한 세상 보았죠.

너의 권리 나의 권리 우리 권리 꽃핀 세상을

나는 어젯밤 꿈속에서 꽃이 만발한 세상 보았죠.

센 척도 사라지고 갑질도 사라져 평화가 꽃핀 세상을

외롭게 혼자 꾸는 꿈은 흩어져 사라지지만

손잡고 함께 꾸는 꿈은 세상을 바꿉니다.


나는 어젯밤 꿈속에서 꽃이 만발한 세상 보았죠.

끼리끼리 어울려도 모두가 사이좋아 화목이 꽃핀 세상을

나는 어젯밤 꿈속에서 꽃이 만발한 세상 보았죠.

서로가 아낌없이 믿어 주고 격려하는 우정이 꽃핀 세상을

외롭게 혼자 꾸는 꿈은 흩어져 사라지지만

손잡고 함께 꾸는 꿈은 세상을 바꿉니다.

---

29 부록 참고: 5-4 〈평화의 세상〉 악보.

노래 익히기가 끝나면 본격적으로 평화선언문 낭독을 준비합니다. 평화선언문은 학생들이 직접 작성하는 것이 가장 의미 있겠지만 여의치 않을 경우 학급 평화규칙 등을 참고로 하여 교사가 서문의 내용을 어느 정도 작성해 놓고, 함께 외칠 구호를 학생들과 함께 정해 볼 수 있을 것입니다. 선언문 낭독 전에 당일 뽑힌 학급 대표에게 크고 힘 있는 목소리로 서문을 낭독할 것을 당부하고, 학생들은 대표를 따라 구호를 외치도록 합니다. 선언문 낭독이 끝나면 한마음 한뜻으로 평화의 세상을 제창하면서 선언식을 마칩니다. 시간이 허락한다면 평화 선언의 의지를 표현하는 활동으로 이어 가도 좋습니다. 자신의 다짐과 약속을 간단하게나마 적어 보게 하고, 학급 게시판에 선언문과 함께 전시해도 좋습니다. 선언식 이후에는 깜짝 활동으로 선언문 쪽지 시험과 같은 내용 확인 활동을 할 수 있습니다. 이때 선언의 날짜와 같이 사소한 내용들도 문제를 출제하면서 다시 한 번 이날의 의미를 되새겨 나가도 좋습니다.

# 화목화행의 날

깊이
읽기

　학급이라는 작은 사회에서 학생들은 서로 관계를 맺으며 살아가는
법을 배웁니다. 이러한 관계를 맺는 데 중요한 역할을 하는 것이 언어
겠지요. 언어의 가장 중요한 기능은 남에게 나의 의사를 전달하고 교
류하는 것입니다. 그렇다면 화행은 무엇일까요? 화행(speech act)의 사
전적 의미는 구체적인 발화가 가진 여러 가지 행위적 측면을 말합니
다. 가령 '집으로 가'라는 발화는 실제로 명령의 행위를 수행하고 '영
희는 어디에 갔니?'라는 발화는 실제로 질문의 행위를 수행하는 것이
지요. 즉, 화행이란 무언가를 가르치거나 자신의 견해를 말하는 것에
서 나아가 상대방에게 어떤 행위를 요구하고자 할 때 활용되는 것을
말합니다. 그래서 화행은 일상적인 대화나 정보 전달과는 다른 개념
인 것이지요. 여섯째 날, 화목화행의 날은 바로 이 '화행'에 주목하여
평화적 공화주의에 알맞은 학습 활동을 시작하는 날입니다.
　'남에게 피해만 주지 않으면 된다'는 식의 자유주의식 화행은 학급
운영에 많은 어려움을 줍니다. 자유주의식 화행에 따르면 화행의 소
유권은 개인에게 있고 표현의 자유가 강조되지요. 자유주의식 화행

이 만연하게 되면 아무 언어나 쓰고 멋대로 유행시키게 되는데, 문제는 이것이 학급 문화의 일부를 구성하는 것이 아니라 전체 분위기를 주도하게 된다는 점입니다. 예를 들면 인터넷상의 댓글 부대가 만들어 낸 신조어들을 아무 필터링 없이 학생들이 교실에서 사용하면 비속어와 욕설 등의 언어폭력 문제가 발생합니다. 더 나아가 언어를 통한 미묘한 심리전은 더욱 만연해집니다. 이런 언어 환경 속에서 학생들은 끊임없이 상처를 주고받게 되고 교사 역시 아이들의 언어 문제에 개입하기가 어려워집니다.

평화롭고 화목한 학급을 만들어 가기 위해서는 화목화행 교육이 무엇보다 중요합니다. 그러므로 화행을 개성의 관점으로 보는 것이 아니라 화목의 관점으로 봐야 합니다. 학생들로 하여금 주고받는 말의 중요성을 깨닫게 하고 교실에서부터 평화로운 관계에 대한 경험을 하며 학생들이 성숙한 인간으로 성장할 수 있게 해야 합니다.

화행에는 여러 가지 종류가 있지만 초등학교 학급에서 가장 중요하게 다뤄야 할 것은 부탁화행, 사과화행, 감사화행, 거절화행입니다. 이 네 가지가 잘 안 돼서 학생들 간에 말싸움이 벌어지고 그 말싸움은 순식간에 몸싸움으로 번지게 되는 경우가 많습니다. 많은 학생들은 사과를 해야 하는데 변명을 하고, 거절을 해야 하는데 무시를 하고, 부탁을 해야 하는데 명령을 하고, 고맙다고 해야 할 상황에서 표현을 하지 않고 그냥 넘어갑니다. 이것은 가르치고 연습해서 바로 말할 수 있게 훈련을 해야 합니다. 이것만 잘되어도 학급에서 떠도는 무의미한 말들이나 싸움이 현저히 줄어들 것입니다.

언어는 사람이 교류하는 데 쓰이는 것이지 무언가를 정확히 전달하는 것 자체에만 목적이 있는 게 아닙니다. 예를 들어 무언가를 부탁할 때는 그것에 적합한 말투와 표정이 필요합니다. 그것을 갖추어 말해야 듣는 이가 화자가 원하는 행동을 하게 되고 비로소 서로 간의 화행이 이루어지게 되는 것입니다. 여기서 적합한 말투와 표정이라는 것은 옳고 그름의 문제는 아니고 인간이 살아오면서 습관적으로 굳어진 것입니다. 이것을 학생들은 학급 문화 안에서 자연스럽게 터득하고 자신의 것으로 사용할 수 있어야 합니다. 예를 들면 "불이야!"라고 했을 때 인간이라면 직관적으로 알 수 있습니다. '불이 났으니 신고를 해야겠구나', '어서 대피를 해야겠어'와 같은 것들이죠. 굳이 "지금 저기서부터 시속 20킬로미터의 속도로 불길이 번져 오고 있어."라고 말하지 않아도 됩니다. "불이야!"가 요구하는 것은 불의 사전적 의미를 찾아보라는 것이 아니라 이 세 글자로도 듣는 사람이 그 언어에 맞는 행동을 하게 된다는 것입니다. 이처럼 화행은 어떤 의도에 맞춰서 말을 하면 그 목적에 맞게 행동을 하는 것을 말합니다. 말의 목표는 교류에 있습니다. 그냥 지시하는 것이 아니라 '내 말은 이런 생각을 가지고 있으니 넌 이렇게 한번 해 봐'라는 의미를 가진 것입니다.

문제는 자신이 원하는 것에 대한 적합한 화행이 안 되다 보니 자신의 뜻을 이루지 못하는 데 있습니다. '나는 분명 내 뜻을 전달했는데 쟤는 왜 이렇게 반응하지?' 하는 생각을 하게 되고 이런 말들이 쌓여 서로 오해가 생기게 됩니다. 예를 들면 책상 위에 올려 둔 A학생의 우유를 지나가던 B학생이 실수로 치고 가 쏟아진 상황일 때, A학생이 원하는 것은 B학생의 사과일 것입니다. 그런데 말은 이렇게 나가는 것이죠.

A학생: 어, 왜 치고 가는데? 앞에 똑바로 안 보고 다니나?

B학생: 내가 일부러 그랬냐? 그러니까 왜 거기에 딱! 우두커니 섰냐?

A학생: 와, 인성 봐라. 치고 간 네 잘못이지.

B학생: 인성 얘기가 왜 나오니? 미안하다, 됐냐?

A학생: 그게 사냐?

B학생도 분명 미안한 마음이 들었을 것입니다. 그런데 A학생의 첫 말에 감정이 상하면서 변명, 남 탓을 하게 되는 것이죠. 이런 대화가 이어지다 보면 상황의 본질은 흐려진 채 심한 경우 비속어나 몸싸움으로 번지게 되기도 합니다. 물론 이 상황에서 A학생이 그렇게 말했더라도 B학생이 먼저 사과했더라면 좋았을 것이고, 평소 A, B학생 사이의 관계의 영향도 있는 등 여러 가지 변수와 상황이 있습니다. 이런 상황들을 하나하나 짚어 가며 화행의 중요성을 각인시킬 수 있습니다.

최근 언어폭력을 근절하기 위한 방안으로 학교현장에서 존댓말 쓰기, 비폭력 대화 등 다양한 대화교육들이 시도되고 있습니다. 존댓말 쓰기의 경우 학생들의 대화를 부드럽게 완화시키는 효과가 있을 수 있지만, 단순히 경어라는 형식적 틀을 바꾸는 것이 학생들의 빈곤한 대화를 풍성하게 해 주는 대화교육으로는 한계가 있습니다. 그리고 학생들이 받아들이는 정도나 학급 분위기에 따라 '00님' 하는 것이 서로를 비아냥거리듯 느껴지는 부작용도 있습니다. 비폭력 대화의 경우도 일상 대화 전반에 관한 내용을 포괄하지 못할 뿐 아니라 대화에 감정이나 욕구에 대한 내용을 끼워 넣음으로써 대화교육 자체가 복잡해져 학생들이 직관적으로 이해하고 적용하는 데 적합하지 않습니다. 대부분의 심리적 접근은 개인을 대상으로 하는 것이므로 다수의 학생들을 대상으로 하는 공교육 장면에서는 적용하기에 부적합합니다.

화행은 연습이 필수입니다. 가장 효과적인 방법은 대화극을 통해 훈련하여 학습하도록 하는 것입니다. 학급 내 다양한 상황별 대화 사례를 대화극으로 만들어 함께 분석해 보고 연습해야 합니다. 평소에 학생들의 일상적인 대화 장면을 지켜보다가 함께 생각해 볼 대목을 적어 놓은 것을 활용할 수도 있고, 학생들에게 일상 대화 상황에 대한 설문을 받아서 활용할 수도 있습니다. 이러한 활동을 통해 학생들이 일상 대화 속에서 화목한 관계를 만들어 갈 수 있도록 바람직한 대화법을 배워 가도록 해야 합니다. 또한 학생과 학생에서 나아가 학생과 교사, 학생과 부모 등 다양한 대화 상대에 대한 예의를 갖추고 최대한 비지배적 대화[30] 가 이루어질 수 있도록 교육해야 합니다. 인사를 나눌 때, 거절할 때, 질문할 때, 칭찬할 때, 부탁할 때, 충고할 때 등의 상황에 따라 필요한 대화법을 정확하게 인지하도록 교육하고, 생활 속에서 대화법의 원리가 적용될 수 있도록 꾸준히 실천하고 점검해 나가는 것이 중요합니다.

[30] 비지배적 대화(화행)란 지배적 대화(화행)의 반대어로 상대에게 센 척하지 않고 화목하고 건설적으로 대화하는 것을 말한다.

## 1장 대화극 만들고 연습하기

　첫날 학생들이 작성한 설문지[31] 통계를 내 보면, 교우관계의 어려운 점을 묻는 질문에서 대부분의 학생들이 말로 인한 갈등을 꼽았습니다. 화목화행의 날 첫 질문은 짧은 대화극으로 시작해 보면 어떨까요? 학생들에게 다음의 대화극을 제시하고 간단히 몇 명을 지목해서 읽어 보게 합니다. 이때 약간 의도적으로 학기 초부터 센 척하고 말을 거칠게 하는 친구에게 순한 역할을 주면 은연중에 그 학생이 조금 머쓱해지는 교육 효과도 얻을 수 있습니다.

31 이야기 여는 날 설문지 참고.

| 상황 ① | | 상황 ② |
|---|---|---|
| A: 야! 거기 문 좀 닫아!<br>B: 뭔데 명령질이야.<br>A: 아, 그냥 문 좀 닫으라고.<br>B: 됐거든. 니가 닫아. | VS. | C: D야, 들어오면서 문 좀<br>닫아 줄래?<br>D: 응 알았어. (끝) |

이렇게 두 상황을 읽어 보고 발문을 합니다.

"A와 C 중에 어떤 친구의 말이 나를 문 닫게 하는가?"

아마 모든 학생들이 C라고 대답할 것입니다. 이때 화행의 개념을 도입하며,

"이것이 화행입니다. 우리의 말 안에는 상대방으로 하여금 내 말을 들어 주고 행동해 주기를 원하는 마음이 들어 있어요. 여기서 행동은 꼭 물리적 행동만을 말하는 것이 아니라 공감, 리액션 등도 포함됩니다. 이러한 말을 할 때는 상대의 권리를 침해하지 않고 나의 뜻을 전달함으로써 서로 화목한 생활을 이어 나갈 수 있는 교류의 장이 되도록 노력해야 합니다."라고 말하며 화목화행의 날을 열 수 있겠죠.

이제 부탁화행, 사과화행, 감사화행, 거절화행을 하나하나 짚어 나갑니다. 사과를 해야 하는데 변명을, 거절을 해야 하는데 무시를, 부탁을 해야 하는데 명령을, 고맙다고 해야 하는데 표현하지 않는 상황을 제시 해 주고 학생들이 올바른 대화극으로 고쳐 보게 합니다. 잘

부록 참고: 6-1 〈화목화행을 위한 대화극〉 학습지.

못된 화행을 찾아내다 보면 나는 듣기 싫으면서 남에게 하고 있지는 않은지 되돌아볼 수 있습니다. 각 모둠에서 고친 것을 함께 공유하고 다듬어 갑니다. 상황별 적합한 화행의 예시문이 완성되면 이것을 반복해서 연습하며 내면화해 나갑니다.

　아이들 사이에서 거절화행도 참 중요합니다. 거절을 잘 못해서 쩔쩔 매는 성향의 친구들도 있죠. 우리는 모두 거절할 권리가 있다는 것을 공론화할 필요가 있습니다. 예를 들면 여름에 얼음물을 싸 오는 아이에게 한 아이가 매일 물을 한입만 달라고 하면, 며칠은 그냥 줄 수 있지만 매번 줘야만 하는 아이는 점점 불편하다고 느낄 수 있습니다. 이럴 때는 정중하게 거절화행을 할 수 있어야 합니다. 그럼에도 불구하고 거절을 받아들이지 않는 아이들도 있습니다. "아, 인성 봐라.", "왜 안 돼?" 하면서 상대를 비난하는 것이죠. 거절당했을 때도 적절한 수용화행이 이루어져야 합니다. 예를 들어 "그래 알겠어.", "불편했다면 미안해.", "괜찮으니까 신경 쓰지 않아도 돼."와 같은 말로 화답하는 것을 수용화행이라고 합니다. 학생들에게 수용화행이라는 용어를 제시할 필요는 없지만 수용화행이 담고 있는 의미를 함께 짚어 주면 좋을 것입니다. 거절하는 학생은 상대의 민망하거나 속상한 마음을 풀어 줘야 하고, 또 거절당하는 학생은 상대가 거절할 수밖에 없는 처지나 상황을 공감하고 이해하는 과정이 필요한 것입니다.

## 2장 평화의 노래 배우기 <마음 운전>[33]

1, 2교시에 상황별로 필요한 대화극 연습을 했다면, 3교시는 시를 도입하여 내면화하는 시간을 갖습니다. 도입에 블랙박스 TV 영상[34]을 3분 정도 보여 줍니다. 영상 속에는 끼어들기, 급정거, 보복 운전, 욕설 등이 담겨 있죠. 학생들은 영상을 보면서 자신들의 경험을 이야기하며 수업활동에 몰입할 것입니다. 그때 <마음 운전>이라는 시를 제시하고 화행에 대입해 보는 활동을 합니다.

33 부록 참고: 6-2 <마음 운전> 악보.
34 SBS 블랙박스로 본 세상, <맨 인 블랙박스>.

# 마음 운전

들이밀고 마음대로 끼어드는 건 얌체 새치기고요.
들이박고 급정거로 위협한 건 갑질 보복 운전이고요.
내 실수에 깜박이 등을 켜지 않는 건 뻔뻔함이고요.
실수 많은 인생 내 마음 먼저 점검하며 조심운전해요.
실수 많은 세상 남에게 먼저 관대하고 양보운전해요.
조심운전해요 양보운전해요 양보운전해요 조심운전해요.


앞차가 방해된다고 빵빵 빵빵대는 건 욕설이고요.
앞차가 좀 느리다고 밀어붙이는 건 지시강요고요.
운전 중에 딴짓하는 건 조마조마 위험운전이지요.
오해 많은 인생 내 마음 먼저 점검하며 조심운전해요.
오해 많은 세상 남에게 먼저 관대하고 양보운전해요.
조심운전해요 양보운전해요 양보운전해요 조심운전해요.


들리지 않는다고 차 안에서 욕해 대는 건 뒷담화죠.
차 사이사이 묘기 부린 건 잘난 척 난폭운전이고요.
접촉사고에 먼저 삿대질부터 하는 건 폭력이지요.
곡절 많은 인생 내 마음 먼저 점검하며 조심운전해요.
곡절 많은 세상 남에게 먼저 관대하고 양보운전해요.
조심운전해요 양보운전해요 양보운전해요 조심운전해요.

화행은 교통신호와 같습니다. 내가 누군가한테 부탁하거나 누군가의 말에 끼어들 때는 교통신호와 같이 이렇게 말해야 한다는 것에 비유해서 화행의 중요성을 지도합니다. 부탁화행을 명령화행으로 하는 경우 싸움으로 번지고 충돌이 일어날 수 있습니다. 보복 운전, 차 안에서 욕하기, 필요 이상으로 빵빵거리기도 모두 해당되죠. '클랙슨을 누르면 벌금이다.' 하는 법이 있는 것은 아니지만 내가 원하는 것이 있다면 다른 적절한 방법으로 표현해야 함을 비유해서 설명합니다.

이것 말고도 언어 상황을 운전 상황에 빗대어 표현한 부분은 많습니다. 학생들과 함께 찾아도 되고 교사가 제시해 줘도 좋을 것입니다. 처음에는 별것 아닌 걸로 시작하다가 보복 운전으로 가는 경우도 있죠. 이것을 학생들의 말싸움에 비유하여 설명하면 아이들이 바로 이해합니다. 이렇듯 언어도 일종의 운전입니다. 내가 어떻게 하느냐에 따라 달라집니다. 적절하지 않은 말을 사용함으로써 원하지 않는 방향으로 나아가는 것은 어리석은 일입니다. 놀리는 말, 상처 되는 말, 모욕적인 말 등은 갈등을 유발하고 화목을 깨뜨립니다.

이러한 말뿐 아니라 끼어들기도 중요한 포인트가 됩니다. 친구들과 대화할 때 끼어들기도 하지만 수업 중에 교사의 말에 끼어드는 경우도 많습니다. 또한 깜빡이를 켜고 들어오려고 하는 차를 절대 안 끼워 주는 경우는 학급 내 어떤 언어 상황에 비유할 수 있을까요? 아마도 내가 싫어하는 애가 말할 때 무시하고 안 끼워 주는 상황에 비유할 수 있겠지요.

이런 식으로 시를 함께 읽어 본 후에는 모둠별로 원래 있는 노래(예:

〈학교종이 땡땡땡〉)에 가사를 붙여 보기, 가사 추가해 보기 등의 활동[35],
'우리 반의 화행 규칙'을 수업/생활 규칙의 번외 편으로 함께 정해 게
시할 수도 있습니다.

---

화행 규칙의 예

1. 수업 중 관계없는 말로 흐름을 끊지 않는다.
2. 상대가 말하는 도중에 끼어들지 않는다.
3. 무시하고 비하하는 말, 욕설과 비속어를 사용하지 않는다.
4. 잘못을 했을 땐 잘못을 인정하고 빨리 사과한다.
5. 작은 일에도 감사하는 말을 반드시 표현한다.
6. 정중하게 부탁하고 정중하게 거절한다.

---

## 3장 평화의 노래 배우기 <말의 힘>[36]

초등학교 교육에서 노래의 힘은 대단합니다. 〈말의 힘〉이라는 짧은
노래 가사 안에는 화행에 대한 모든 것이 담겨 있습니다. 이 노래를
따라 부르다 보면 자신도 모르게 오늘 배운 것들이 스쳐 지나가며 자
연스럽게 내면화될 것입니다. 노래의 마디 가사를 나누어 아이들에게
한 장씩 그림을 그리게 해서 뮤직비디오로 편집하면 틈틈이 활용할
수 있습니다. 쉬는 시간에 보여 주고 함께 부르다 보면 어느새 아이들
입에서 흥얼흥얼하는 모습을 보게 될 것입니다.

---

35 부록 참고: 6-3 〈화행규칙으로 노래 가사 바꾸기〉 학습지.
36 부록 참고: 6-4 〈말의 힘〉 악보.

## 말의 힘

가는 말 거칠어야 오는 말이 곱다 해도
고운 말 서로 쓰고 먼저 사과해 봐요.
주고받는 말 떠도는 말이
어느새 우리 얼굴 만드니까요.

뒷담화를 안 하면 외톨이가 된다 해도
놀리고 따돌리는 슬픈 일 하지 않아요.
주고받는 말 떠도는 말이
어느새 우리 마음 만드니까요.

목소리 큰 사람이 이기는 세상이라 해도
우기고 속이는 건 이긴 게 아닌 걸 알아요.
주고받는 말 떠도는 말이
우리 사는 세상 만드니까요.

모든 교육이 그렇겠지만 화행 교육은 하루의 집중 교육만으로 완성되지 않습니다. 노래 가사에 나오는 '떠도는 말'이란 표현처럼 일 년 내내 끊임없이 상기시킴으로써 학급 안에 화목한 언어들이 떠돌게 하는 것이 중요합니다. 이런 노력을 통해 평화로운 학급이 안착될 수 있습니다. 후속 활동으로 학교폭력 예방 교육 시간과 연계하여 뒷담화, 언어폭력, 사이버폭력, 단체 채팅방에 대한 합의, 문자예절 등에 대해서도 오늘 다룬 '화목화행'과 연계하여 지도하면 각각의 교육이 유기적으로 연결될 것입니다.

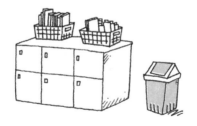

# 화목의 날

깊이
읽기

지난 6일 동안 평화로운 학급 이야기를 위한 초석을 다졌지만 학생들은 아직도 서먹서먹할 것이고, 눈치 보며 서로를 지켜보는 중이겠죠. 이때쯤 학생들이 서로에 대한 긴장을 풀고, 학급공동체에 대한 소속감을 느낄 수 있는 놀이가 필요합니다.

많은 선생님이 새 학기 친교 활동으로 다양한 놀이를 투입합니다. 하지만 단순한 즐거움을 위해 놀이를 적용했다가 예상치 못한 역효과가 발생하기도 합니다. 놀이의 목적이 이기는 것에만 있지 않음에도 경쟁심이 강한 학생들은 이기는 것에만 관심을 가지곤 합니다. 그러다 보면 규칙을 어기기도 하고, 자신에게 유리하도록 규칙을 바꾸려는 학생들도 보입니다. 또 놀이를 못하는 친구들에게 비난하고 질타하는 모습도 심심찮게 목격할 수 있습니다. 즐거움을 목적으로 시작한 놀이는 갈등과 분열, 불화만 남긴 채 어느새 괴로운 결말로 끝이 납니다. 그러니 많은 교사들이 놀이를 교육 활동으로 인식하는 데 어려움을 느끼는 것은 당연할 것입니다.

교실에서 이루어지는 놀이 교육의 목적은 개인의 즐거움 충족이 아니라 학급의 화합과 화목입니다. 교사는 놀이를 단지 학생들의 스트레스 해소나 쉬어 가는 마당으로서가 아닌 교육 활동의 일부로 생각하고 기존에 이루어지고 있는 놀이에 대한 비판적인 관점을 가져야 합니다. 놀이 교육은 놀이 활동보다는 놀이를 통한 학생들 간의 화목한 만남과 교류에 중점을 두어야 합니다. 더 나아가 놀이 과정을 통해 서로를 응원하고 격려하는 평화 인성과 학급의 공동체성을 키워 내는 것이 놀이 교육 본래의 목표라는 것을 잊어서는 안 됩니다.

요즘은 많은 선생님들이 놀이에 관심을 갖고 협동놀이, 교실놀이, 운동장 놀이 등 다양한 놀이를 개발하고 적용하고 있습니다. 이때 이와 같은 놀이 교육의 목표를 신중히 고민하며 접근해야 합니다.

중요한 것은 놀이약속에 대한 교육입니다. 놀이약속은 놀이를 할 때 일어날 수 있는 여러 가지 상황을 생각하며 충분히 대화를 나눈 후에 학급 구성원이 함께 정해야 합니다. 그래야 놀이 과정에서 경쟁이 과열되어 싸움이 발생하거나, 자신의 뜻대로 놀이규칙을 바꾸거나 놀이를 끝내려는 등의 놀이 파괴 장면을 사전에 예방할 수 있습니다.

놀이를 하나의 교육으로 바라보면서 우리는 화목놀이라는 개념을 접목하게 되었습니다. 화목놀이에는 몇 가지 조건을 필요합니다. 첫 번째로 화목놀이는 방법이나 규칙이 쉽고 간단해서 누구나 어울릴 수 있어야 합니다. 우리나라에 현존하는 전래놀이가 오랜 생명력을 간직하고 남녀노소 누구나 어울릴 수 있는 이유는 놀이규칙의 단순함에 있을 것입니다. 놀이 방법이 너무 복잡하면 놀이에 끼기 어려워하는 학생들이 생길 수 있고 머리를 잘 쓰는 학생들에게만 만족감을 안겨 줄 수 있습니다. 그런 까닭에 학급 구성원이라면 누구라도 참여할 수 있고, 함께 어우러질 수 있으려면 놀이 활동은 쉽고 간단해야 합니다. 화목놀이의 좋은 예시인 전래놀이를 그대로 활용할 수도 있겠지만, 현재에 맞게 재해석하여 변형해 본다면 우리 학급만의 특색 있는 놀이문화도 만들어 나갈 수 있을 것입니다.

두 번째로 화목놀이는 재미와 흥미를 위해 승패를 두되 우연의 효과를 넣어 화목놀이의 묘미를 살려야 합니다. 놀이할 때 일어나는 과도한 경쟁심은 반칙을 유도하고 친구에 대한 비난을 정당화하기 쉽습니다. 그렇다고 놀이에서 경쟁 요소를 무조건 없애면 재미와 흥미가 사라져 지루해집니다. 앞서 화목놀이는 누구나 참여하고 어울릴 수 있어야 한다는 전제를 달았습니다. 결과가 뻔히 예상되는 놀이는 시간이 지날수록 지루해지기 마련입니다. 이때 우연의 효과를 통해 반전과 반전을 거듭해 나간다면 놀이가 끝날 때까지 흥분과 짜릿함이 지속될 수도 있습니다. 또한 특별히 잘하는 것이 없어 늘 조용히 앉아 있는 학생에게 우연히 이길 수 있는 놀이는 그 학생의 존재감을 드러내고 자신감을 부여해 줄 수도 있습니다. 이와 같은 놀이 조건을 충족한 화목놀이는 학생들 간의 친밀한 교류를 활성화해 주는 교육활동으로 거듭날 수 있을 것입니다.

세 번째 화목놀이는 응원도 하나의 놀이 과정이 되도록 해야 합니다. 학생들이 직접 만든 응원 구호나 노래를 통해 서로를 응원하고, 실수하고 잘못해도 격려하는 마음을 갖게 해야 합니다. 친구들이 나의 이름을 부르며 응원하는 소리를 들으면, 집단 응원이 곧 나를 지지하는 집단 화목의 경험이이 될 수 있습니다. 모둠끼리 미리 만든 응원 구호를 외치거나 응원가를 부르는 것은 뒤처진 팀의 사기를 살리고 놀이의 흐름이나 경기의 판세를 뒤집는 역전의 계기가 되기도 하고, 시나브로 그 자체로 즐거운 놀이가 되기도 합니다. 이 외에도 화목놀이는 안전사고의 위험은 없는 것으로 세심하게 계획해야 할 것입니다.

교사가 화목놀이 계획을 세심하게 구성하였더라도 학생들은 기존의 놀이 습관으로 인해 승패에 따른 큰 보상을 기대하기도 합니다. 이런 경우 교사는 보상에 대한 기준을 다음과 같이 세워야 합니다. 첫째, 개개인이 아닌 학급 전체에게 보상합니다. 둘째, 승패가 아닌 화목을 기준으로 보상합니다. 셋째, 물질적 보상은 큰 욕심을 불러일으키지 않는 것으로 합니다.

화목의 날에는 놀이를 위한 약속을 정하고 간단한 화목놀이를 직접 경험해 보도록 합니다. 놀이라면 무조건 열광하면서도 막상 놀이 경험을 되짚어 보면 놀이하다 기분이 상한 경험이 누구에게나 있을 것입니다. 교사는 놀이가 파괴되는 예시를 다양하게 제시함으로써 학생들이 자신의 경험을 소환해 볼 수 있게 합니다. 설문 활동을 통해 자신의 경험을 미리 정리해 본 뒤 발표를 통해 함께 이야기를 나누면서 모두가 즐겁고 화목하게 놀이할 수 있는 약속을 정해 봅니다.

놀이에 필요한 약속을 충분히 숙고한 후에 화목놀이를 한두 가지 진행해 봅니다. 새 학기 들어 처음으로 도입하는 화목놀이이기에 가위바위보처럼 놀이 방법이 쉽고 간단한 것, 학생들이 자연스럽게 만나서 즐겁게 교류할 수 있는 것이 좋습니다. 놀이 방법이 간단하더라도 함께 지켜야 할 약속이 무엇인지 모두 함께 확인해 보는 시간을 갖습니다. 겉으로 보기에 놀이 활동이 순조롭게 끝났더라도 함께 정한 약속이 잘 지켜졌는지 상세하게 평가하고 반성하는 시간을 가져 봅니다. 이와 같은 과정을 통해 학생들은 평화롭고 화목한 학급에 필요한 놀이 활동의 규칙을 내면화하여 놀이 창조자로 거듭날 수 있을 것입니다.

## 1장 학급 놀이약속 정하기, <평화의 행진곡> 노래 배우기

1교시에는 학급 구성원이 다 함께 놀이약속을 정하는 시간입니다. 놀이에는 저마다 그 놀이만의 규칙과 방법이 있습니다. 1교시에 정하는 놀이약속은 놀이 활동에서 반드시 필요한 개인과 집단의 권리에 관한 약속입니다. 예를 들어 놀이규칙이 있음에도 규칙을 잘 알고 있는 친구와 그렇지 못한 친구가 있고, 서로 알고 있는 규칙이 다를 경우도 있습니다. 애매한 상황에서 목소리 큰 사람이 이기거나, 무조건 우기는 것으로 불합리가 발생되기도 합니다. 이때 가장 좋은 것은 놀이 참여자들이 놀이 시작 전에 처음부터 규칙에 대한 확인 및 합의 과정을 거치는 것입니다. 이와 같은 상호 간의 권리 문제를 놀이약속으로 정해 두면 학생들은 놀이를 할 때마다 놀이규칙에 대한 합의 과정을 밟을 것이고, 제 마음대로 놀이규칙을 바꾸거나 반칙을 일삼는

---

37 부록 참고: 7-1 <평화의 행진곡> 악보.

문제를 예방할 수 있습니다.

1교시에는 그동안 놀이를 하면서 겪은 일들을 자연스럽게 떠올릴 수 있도록 놀이를 하다가 싸우게 되는 이야기를 들려주며 시작합니다. 『나 안 할래』[38]라는 책에서 사슴은 친구들과 술래잡기를 하는데 자기가 가위바위보에 지고도 술래를 안 하고, 나는 주먹만 낼 테니 너희들은 가위만 내라고 합니다. 그러고도 모자라 술래에게 잡혔는데도 술래 안 하겠다고 떼를 씁니다. 사슴의 말을 잘 들어 주던 친구들도 더 이상 참을 수 없어 싸우게 되죠. 이 부분까지 읽고 "여러분도 놀이할 때 친구와 싸우거나 마음이 상했던 경험이 있나요?"라고 질문하면 학생들은 너도나도 손을 듭니다. "친구가 자기 마음대로 중간에 규칙을 바꿨어요.", "나는 깍두기하기 싫은데 자기 마음대로 나보고 깍두기 하라고 했어요.", "나는 못한다고 끼워 주지 않았어요.", "나 때문에 졌다고 화를 냈어요." 그동안에 억울함이 많았는지 할 말도 많은 듯합니다.

이때 교사는 '놀이 파괴자'라는 용어를 인용합니다. '놀이 파괴자'란 요한 하위징아가 『호모루덴스』라는 책에서 사용한 용어로 규칙을 위반하거나 무시하여 놀이를 망치는 사람을 뜻합니다. 그렇다면 우리가 놀이할 때 '놀이 파괴자'는 어떤 사람일지 이야기해 봅니다. 학생들은 '놀이 파괴자'의 예로 '놀이규칙을 마음대로 바꾸는 사람', '대장처럼 마음대로 다른 사람을 시키는 사람', '남을 속이거나 우기는 사람' 등을 이야기할 것입니다. 이때 '놀이 파괴자'라는 용어가 각인되

---

38 『나 안 할래』(안미란·박수지, 아이세움).

면 이후에 학생들은 놀이를 하면서 '놀이 파괴자'가 되지 않기 위해 스스로 조심하는 모습을 보입니다.

교사는 이어서 책의 뒷부분을 읽어 줍니다. 사실 사슴에게는 가위바위보에서 질 수밖에 없는 이유가 있었습니다. 사슴은 손이 뭉툭하여 주먹밖에 낼 수 없었던 것이죠. 그래서 친구들은 어떻게 했을까요? 친구들은 사슴도 할 수 있는 가위바위보를 생각해 냅니다. 바로 입 모양으로 가위바위보를 만들어 하는 것이죠. 이야기를 다 읽고 나면 마음이 훈훈하고 따뜻해지는 것을 느낄 수 있습니다.

책을 다 읽은 후에 "우리도 놀이를 하다 보면 여러 가지 이유로 놀이에 잘 참여하지 못하는 친구가 있을 수 있습니다. 그럴 땐 어떡하면 좋을까요?"라고 질문합니다. 그러면 "그 친구가 할 수 있도록 놀이 방법을 바꿀 수 있어요.", "그 친구가 잘할 수 있도록 방법을 가르쳐 줘요.", "친구가 못했다고 비난하지 않아요." 등의 대답을 자연스럽게 이끌어 낼 수 있을 것입니다. 이렇게 놀이에 대한 경험 나누기를 먼저 한 뒤 학급에 필요한 놀이약속이 무엇일지 충분히 생각해 볼 수 있는 설문[39] 활동 시간을 줍니다.

전 시간에 나누었던 놀이 경험을 토대로 학급에서 놀이할 때 일반적으로 지켜야 할 학급 놀이약속을 정합니다. 정해진 놀이약속도 수업약속, 생활약속과 마찬가지로 교실 한쪽에 게시하면 좋습니다.

---

[39] 부록 참고: 7-2 놀이약속을 위한 설문지.

놀이 약속을 위한 설문지

학년    반  이름:

1. 지금까지 한 놀이 중 가장 재미있다고 생각하는 놀이는 무엇입니까?

2. 위 1번에서 답한 놀이가 가장 재미있었다고 느끼는 이유는 무엇입니까?

3. 놀이를 하다가 기분이 상한 경험이 있었다면 무엇 때문이었나요?

놀이약속(예)

1. 놀이를 시작하기 전에 놀이규칙을 확인한다.
2. 규칙을 잘 지키고 목소리 높여 우기거나 속이지 않는다.
3. 친구가 못한다고 비난하지 않는다.
4. 놀이에서 지더라도 결과를 인정하고 즐겁게 논 것에 만족한다.
5. 질서를 지켜 안전하게 놀이한다.

　　학급 놀이약속을 정했으면 2교시 수업을 마무리하면서 〈평화의 행진곡〉 노래를 배워 봅니다. 〈평화의 행진곡〉은 행진곡풍의 노래로서 씩씩하고 우렁차게 노래하다 보면 옆에 있는 친구에게 힘을 얻고 서로 어깨동무를 하며 하나 됨을 느낄 수 있을 것입니다.

랄랄라 친구들아 하나가 되자
랄랄라 친구들아 희망을 주자
친구들의 권리를 지켜 주자

랄랄라 친구들아 하나가 되자
랄랄라 친구들아 희망을 주자
평화의 세상을 함께 만들자

랄랄라 친구들아 하나가 되자
랄랄라 친구들아 희망을 주자
화목한 교실을 함께 지키자

랄랄라 친구들아 하나가 되자
랄랄라 친구들아 희망을 주자
우정의 어깨동무 함께 만들자

먼저 가사를 칠판 또는 TV에 제시합니다. 이때 '권리', '평화', '화목', '우정' 단어를 빈칸으로 두고, 빈칸에 들어갈 말을 생각해 보도록 합니다. 단어를 맞혀 본 뒤 노래를 들려주고 다양한 방법으로 노래를 익힙니다. 노래를 익혔으면 씩씩하게 걸으며 불러 보고 간단한 손동작을 넣어 불러 보아도 좋을 것입니다. 마지막 가사인 '우정의 어깨동무 함께 만들자' 부분에서는 서로 어깨동무를 하면 좋겠지요.

화목놀이를 할 때 또는 나른해지는 시간에 틈틈이 힘차게 노래를 불러 봅니다. 습관처럼 아무 생각 없이 시작되는 1교시 또는 계속되는 수업에 살짝 지친 학생들에게 가사에서 주는 메시지와 함께 좀 더 의미 있고 활기찬 새로운 시작을 기대할 수 있을 것입니다.

## 2장 간단한 화목놀이 체험하기

학기 초라 아직은 친구 이름을 다 알지 못하고, 얼굴도 익숙하지 않을 것입니다. 3, 4교시는 부담 없이 교류할 수 있는 간단한 화목놀이를 투입해 봅니다. 가위바위보는 조금만 바꿔도 누구나 참여할 수 있는 색다른 화목놀이로 변형될 수 있습니다. 몸으로 하는 가위바위보를 하면서 다른 친구들을 만나다 보면 금세 웃고 즐거워하는 아이들의 모습을 볼 수 있습니다.

몸으로 하는 가위바위보 방법 1

가위: 오른손은 학머리를 만들고 왼손은 오른쪽 팔꿈치에 받친다.

바위: 가슴 앞쪽에서 오른손은 주먹을 쥐고 왼손은 오른손 주먹을 감싸 쥔다.

보: 양팔을 벌려 날개 모양을 만든다.


몸으로 하는 가위바위보 방법 2

가위: 다리를 앞 뒤로 벌린다.

바위: 다리를 모은다.

보: 다리를 옆으로 벌린다.


몸으로 하는 가위바위보 방법 3

가위: 두 손가락을 볼에 데고 귀여운 척하기.

바위: 두 주먹을 양 볼에 갖다 대고 귀여운 척하기.

보: 두 손바닥을 양 볼에 갖다 대고 귀여운 척하기.

* 우스꽝스러운 바보 표정으로 가위바위보를 정할 수 있음.


    우선 각각의 가위바위보 동작을 알려 준 뒤 선생님과 '몸으로 가위바위보'를 연습해 봅니다. 몇 번 하고 나서 익숙해지면 이 놀이를 더 화목하고 즐겁게 하기 위해 기억해야 할 규칙이나 약속은 무엇인지 이야기 나눕니다. 예를 들어 처음 만났을 때 반드시 인사를 나누기, 이겼다고 친구를 놀리지 말고 졌다고 짜증내지 않기, 이기려고 중간에 동작을 바꾸지 않기, 교실에서 뛰어다니지 않기 등 학생들은 다양한 측면에서 이야기해 줄 것입니다. 교사는 학생들의 의견을 충분히 들어 보고 빠진 것은 보충해 주면서 놀이약속이 잘 지켜져야 모두가 즐거운 시간이 될 수 있음을 강조합니다.

학급 전체가 놀이를 함께 할 때는 2교시에 학급이 정한 학급 놀이약속을 함께 읽어 보거나 간단한 선서문[40]으로 작성하여 제창하고 시작하는 것이 좋습니다. 선서문을 즉석에서 작성하는 것이 여의치 않을 경우 선서문은 미리 준비하여 큰 화면으로 띄워 줍니다. 선서식이라는 학급 의식을 통해 놀이약속을 한 번 더 되짚어 보고 다짐해 보는 것입니다.

이렇게 놀이약속을 확인한 후에 교사는 반 학생들의 이름이 모두 들어가 있고, 쉽게 떼어 나눌 수 있는 라벨지를 나누어 줍니다. 이때 학생 한 명에게 27칸 라벨지 한 장을 나누어 주면 학급 친구들의 이름을 모두 적을 수 있어 사용하기 편리합니다. 만남의 날에 이어 친구 이름을 한 번씩 다시 써 보게 합니다. 이때쯤이면 처음보다 이름을 외울 수 있는 친구들이 많아져서 이름 쓰기 활동이 익숙할 것입니다. 학생들끼리 서로 만나 "안녕, 난 ○○○야."라고 먼저 자신의 이름을 말하며 인사를 나눕니다. 그다음 서로 '몸으로 가위바위보'를 진행합니다. 위의 예시처럼 세 가지를 다 할 수도 있고, 한 가지만 활용해 볼 수도 있습니다. 가위바위보가 끝나면 화목놀이를 했다는 증표로 내가 만난 그 친구의 이름을 떼어 줍니다.

이 화목놀이는 모든 친구들과 자연스럽게 만날 수 있는 기회가 됩

---

40 부록 참고: 7-3 놀이선서문.

니다. 또한 교실을 돌아다니며 몸을 움직일 수 있어 학생들이 즐거워하는 활동 중 하나입니다. 교실놀이는 화목이라는 목적을 갖고 있기 때문에 놀이가 끝나면 학생들의 소감을 물어보는 것이 좋습니다. 약속은 잘 지켜졌는지, 좋았던 점은 무엇인지, 놀이에서 수정되었으면 하는 점은 무엇인지 두런두런 이야기 나누다 보면 평화롭고 화목한 교실의 기틀이 마련될 것입니다.

# 진실과 화해의 날

　학기 초 학생들은 새로운 친구관계를 맺기 위해 알게 모르게 서로를 견제합니다. 더 많은 인기를 얻기 위해, 새로운 반에서 새로운 위치를 차지하기 위해 기 싸움을 벌이기도 하고 과거에 있었던 묵은 갈등이 다시 표면으로 드러나기도 합니다. 이 시기의 갈등을 풀어 가는 과정이 앞으로의 일 년을 좌우한다고 해도 과언이 아닙니다. 학생들은 이 갈등을 평화롭게 풀어 가는 과정에서 교훈을 얻어야 합니다. 우리 힘으로 학급을 평화롭게 만들고 있다는 성취감을 느껴야 합니다. 그런 교훈과 성취감을 통해 평화로운 학급을 만들고자 하는 교사의 노력은 힘을 받을 수 있습니다. 갈등을 평화적으로 풀어 가는 가장 좋은 방법은 진실과 화해 시간을 갖는 것입니다. 문제를 둘러싼 진실이 밝혀져야 화해가 가능하고 평화로운 갈등 해결의 경험이 쌓여 평화로운 교실을 만들 수 있습니다.

　학기 초에 일어나는 학생들 간의 갈등은 진실과 화해의 시간을 갖기에 아주 좋은 기회입니다. 예를 들어 급식 시간에 새치기하는 문제가 발생할 수도 있고, 같이 놀자고 하는데 놀이에 끼워 주지 않는 경우도 생길 수 있습니다. 체육 시간과 같이 능력의 차이로 친구를 비난하는 경우도 있을 수 있겠지요. 유독 한 명의 아이에게 비난이 쏟아지거나 소수의 아이들에게 기회가 집중된다면 교사는 이것을 대수롭게 넘기기보다는 학급 안의 구조적인 문제를 파악하고 진실과 화해 시간을 갖는 기회로 삼아야 합니다. 학급의 상황에 따라 진실과 화해 시간은 조금씩 다르게 운영될 것입니다. 그러나 대부분의 경우 첫 만남 이후 1, 2주 안에는 진실과 화해의 시간이 필요할 것입니다.

진실과 화해 시간에 교사는 학생들이 사건을 객관적으로 볼 수 있도록 해야 합니다. 학급에서 갈등이 벌어졌을 때 학생들은 각자의 입장에서만 사건을 이해합니다. 나는 진실이라고 믿고 있으나 자신의 입장에서 파악한 사건은 진실이 아니라 오해일 수도 있습니다. 사실 오해만 해결해도 작은 갈등들은 쉽게 풀리는 경우가 있습니다. 무엇이 진실이었는지 밝히는 과정에서 학급의 갈등 구조를 파악할 수 있습니다. 학급에서 폭력적인 문제가 생기는 과정에 대한 구조적인 이해 없이는 학생들 간의 진정한 화해는 불가능할지도 모릅니다. 학교폭력은 가해자와 피해자 같은 당사자들만의 문제가 아닙니다. 교사는 적극적이든 소극적이든 방관하고 있는 아이들과 동조하고 있는 아이들, 가해하는 아이들 등 폭력의 구조적인 부분에 대해 이해할 수 있어야 합니다. 그래야 우리 학급에서 일어난 일을 사건 당사자만의 문제가 아니라 나의 문제, 그리고 학급 전체의 문제로 인식함으로써 학급 집단의 문제를 적극적으로 해결하기 위해 노력할 수 있습니다.

교사는 진실과 화해 시간을 통해 학생들 사이에서 조각조각 어긋나 있는 퍼즐과 같은 기억들을 수합하고 사안의 진실을 파악하는 주도적인 역할을 합니다. 우리는 지난 '학급 조직과 선언의 날'에 정의그룹을 뽑았습니다. 이 정의그룹은 진실과 화해 시간에 매우 중요한 역할을 합니다. 정의그룹은 교사가 미처 발견하지 못한 학급 안의 비평화적인 일에 대해 이야기해 줄 수 있습니다. 사건의 당사자는 자신이 잘못한 일이 모두에게 알려졌을 때 자신의 잘못을 인정하지 않고 남 탓을 하기에 급급한 경우가 많습니다. 특히 관계 맺기에 상처가 많은 아이들의 경우 더 그렇습니다. 그럴 때 반에서 진실을 가감 없이 얘기해 줄 수 있으며 이 아이의 마음과 숨은 진실을 읽어 줄 수 있는 누군가가 필요합니다. 그 역할을 정의그룹이 할 수 있습니다. 학급 아이들은 그들의 도움을 얻어 자신의 숨겨진 속마음을 보다 솔직하게 풀어낼 수 있습니다.

진실과 화해 시간의 목적은 가해자와 피해자를 밝히고 잘잘못을 따지는 것이 아닙니다. 진실을 밝힌 후 인정할 것은 인정하고, 사과할 것은 사과하고, 최종적으로 진심 어린 화해를 하는 것이 목적입니다. 진실과 화해 시간을 통해 평화로운 학급을 만들기 위한 미래 지향적인 화해가 이루어져야 합니다. 요즘 아이들은 제대로 사과해 본 경험이 거의 없습니다. 사과하면 진 것, 쪽팔리고 오글거리는 것, 자존심 상하는 것으로 인식하는 경우가 많습니다. 그렇기에 사과를 하라고 하면 거부감을 가지고 형식적인 사과로 끝내려고 하는 경우가 많습니다. 그러므로 교사는 제대로 된 사과 방법을 가르쳐야 합니다. 대부분의 분쟁은 일방적인 가해와 피해 상황이 아닌 복잡한 방식으로 진행됩니다. 잘못의 크기가 크건 작건 잘못한 부분에 대해 서로 사과하고 방관자 역시 책임을 공감해야 합니다.

학기 초는 아직 아이들 사이의 힘의 관계, 학급 구조가 유동적인 시기입니다. 이때 진실과 화해 시간을 통해 폭력적인 학급 구조의 문제에 대해 이해하고 나의 문제로 받아들인 학생들은 그렇지 않은 학생들보다 평화감수성이 훨씬 뛰어난 학생들이 될 것입니다. 학급 구조가 느슨하고 새롭게 형성되고 있는 이 시기가 끼리끼리 어울려도 모두 사이좋은, 화목한 학급 구조를 만들기 위해 진실과 화해 시간을 실천하는 최적의 시간이 될 수 있습니다.

## 1장 화해에 대한 이야기 들려주기

교사는 학생들 간의 갈등과 폭력에 대한 다양한 경험과 사례를 가지고 있을 것입니다. 그 이야기는 어떻게 시작됐고, 어떤 과정을 통해 끝이 났나요? 친밀한 소그룹 안에서 벌어지는 지속적인 따돌림 문제, 일 년 내내 으르렁거리며 거리를 좁히지 못하는 학생들의 이야기 등 끊임없이 갈등과 싸움을 벌이는 학생들의 이야기를 들려주는 것으로 진실과 화해의 날의 첫 시간을 열어 볼 수 있습니다. 서로의 잘못을 인정하고 진심 어린 마음으로 사과함으로써 화해에 이른 학생들의 이야기도 있겠지만 끝내 진실을 밝히지 못하고 마음 깊은 곳에 앙금과 상처만 남긴 채 학년이 끝난 경우도 많을 것입니다.

자신에게 장난을 건 친구에게 무척 화가 난 아이가 있었습니다. 재미로 시작한 장난이 친구의 기분을 몹시 상하게 했다는 걸 깨달은 상대 아이가 미안해하며 여러 번 사과의 말을 건네고 있는 상황이었습니다. 그러나 화가 난 아이는 절대 사과를 받아 주지 않을 것이며, 앞으로 평생 동안 오늘의 일을 기억하고 용서하지 않을 거라고 고함을 지르고 있었습니다. 물론 순간적으로 격해진 감정에서 나온 말이었겠지만 저는 아이를 진정시키며 이야기를 건네 보았습니다.

"지금 당장 친구의 사과를 받아 줄 필요는 없어. 누군가를 용서하는 데는 시간이 필요할 거야. 그래 물론 누군가를 꼭 용서해야 한다는 법이나 규칙 따위도 없지. 그런데 평생 상대를 용서하지 않고 원망하며 산다는 건 오히려 나 자신이 괴로워지는 일은 아닐까? 상대방은 기억도 하지 못하는데 나는 평생 동안 기억하면서 산다는 거잖아? 오 너무 끔찍한데?"

씩씩거리던 아이의 호흡이 잦아들고, 곰곰이 생각하는 눈빛이 되었습니다. 그리고 잠시 후 아이는 친구의 사과를 받아 주었고, 둘은 화해를 나누었습니다.

우리는 살아가면서 수많은 전환의 과정을 겪게 됩니다. 아픔과 시련도 새롭게 탈바꿈하는 전환의 계기로 만들 때 마음은 한결 단단해지고 삶은 풍부하게 발전해 나가기 마련입니다. 그런 의미에서 진실을 밝히고 화해에 이르는 시간은 피해자만을 위한 과정이라기보다는 가해자와 방관자 모두에게 꼭 필요한 수순일 것입니다. '원수는 외나무다리에서 만난다'는 속담이 있듯이 단순한 분리나 회피는 임시적 방편에 불과할 뿐 해결되지 않은 불편한 감정은 그대로 남게 되고 언제 어디서건 다시 부딪힐 일이 생기기 마련입니다. 세월이 아주 오래 흐른다면 자연스럽게 잊힐 수 있겠지만 1년 단위의 학급 안에서 이를 기대하기란 무척 힘듭니다.

다음은 제가 만났던 두 여학생들에 대한 이야기입니다. 한때는 매우 절친해 보였던 두 아이 사이엔 보이지 않는 불평등이 존재했습니다. 1학기가 지나면서 둘 사이는 자연스럽게 멀어지게 됩니다. 상대에게 인정받지 못하고 무시당하던 여학생은 자신을 받아 주는 무리에 새롭게 소속되었으나, 나머지 한 아이는 친구들의 마음에 다가서는 방법을 일깨우지 못한 채 고립의 상태를 벗어나지 못했습니다. 세력을 구축한 여학생은 고립된 그 친구를 공격하기 시작합니다. 과거에 자신이 무시받고 모욕을 느꼈던 감정이 쉽게 잊히지 않았기 때문이었습니다. 고립된 아이는 결국 사과를 했지만 상대 아이는 진심 어린 마음이 느껴지지 않는다는 이유로 뒷담화와 따돌림을 합니다. 표면적인 사과는 있었지만 은근한 자존심 싸움이 지속되면서 감정의 골은 더욱 깊어졌습니다. 되돌아보면 매우 복잡했던 사안이었기에 각각의 피해 상황에 대해 좀 더 세세하게 진실을 밝히고, 사과를 정확히 했으면 좋았을 것이라는 아쉬움이 듭니다. 결국 서로가 자신이 더 강력한 피해자임을 주장하며 미움과 원망만 남긴 채 종업식을 맞이하게 됩니다.

이렇게 교사의 기억에 남는 이야기를 꺼내 학생들에게 들려주면서 진실과 화해의 날의 의미를 되새겨 보는 기회를 줍니다. 이야기 구성이 쉽지 않다면 여학생들의 따돌림 문화와 남학생들의 피라미드와 같은 힘의 서열관계에서 벌어지는 학교폭력을 담은 〈EBS 다큐프라임〉 영상[41]을 활용해도 좋을 것입니다. 이야기 또는 영상 감상이 끝나면

---

41 EBS 6부작 다큐멘터리 〈청소년 특별 기획 시리즈-학교폭력〉 '3부 교실 평화 프로젝트 초등학교', '4부 교실 평화 프로젝트 중고등학교 편' 참고.

교사는 칠판에 커다란 사각형을 그리고 그 안을 네 부분으로 나누어 조하리의 창을 학생들과 함께 완성해 보도록 합니다.

| 조하리의 창 | |
| --- | --- |
| | 자신이 아는 부분 | 자신이 모르는 부분 |
| 다른<br>사람이<br>아는 부분 | 열린 창<br>Open area | 보이지 않는 창<br>Blind area |
| 다른<br>사람이<br>모르는 부분 | 숨겨진 창<br>Hidden area | 미지의 창<br>Unknown area |

　조하리의 창(Johari's window)[42]은 나와 타인과의 관계 속에서 내가 어떤 상태에 처해 있는지를 보여 주고 어떤 면을 개선하면 좋을지를 알려 주는 데 유용한 분석틀입니다. 나도 알고 타인도 알고 있는 열린 창, 나는 알지만 타인은 모르는 숨겨진 창, 나는 모르지만 타인은 알고 있는 보이지 않는 창, 나도 모르고 타인도 모르는 미지의 창을 하나하나씩 짚어 가며 설명해 준다면 학생들은 꽤나 집중하여 경청할 것입니다. 조하리의 창은 진실을 밝힌다는 것이 결국 나도 모르고 타인도 몰랐던 사실을 확인하고, 나와 너 우리의 책임을 깨달아 가는 과정임을 설명하는 데 도움이 됩니다.

42　조하리의 창 모델은 1950년대 미국의 심리학자 조셉 루프트Joseph Luft(1916~2014)와 해링턴 잉햄Harrington Ingham(1914~1995)이 집단역학에 관한 조사를 하는 과정에서 자아인식을 이해하고 훈련을 위해 개발한 모델이다. 그들의 이름을 결합하여 이를 조하리라고 불렀다.

　2교시는 설문지　활동을 통해 학생들이 지금까지 경험했던 사과와 화해의 과정을 되돌아보는 시간을 갖습니다. 학생들이 친구나 형제자매와 싸웠던 경험을 돌아보게 합니다. 가장 기억에 남는 싸움이나 화해의 경험은 무엇인지 질문합니다. 당시에 무엇 때문에 싸우게 되었는지, 해결은 잘되었는지 질문하여 사과와 화해에 이르게 되는 과정을 꼼꼼히 되짚어 보면서 당시의 상황으로 이입할 수 있도록 합니다. 진실과 화해가 이루어지지 않고 갈등이 해결되지 않았을 때의 감정은 어땠는지 생각해 보도록 합니다. 단순히 호불호가 아니라 당시의 감정을 생생하게 묘사하거나 풍부하게 비유해 보는 활동을 병행할 수도 있습니다. 그리고 같은 방식으로 사과하고 화해한 후의 감정은 어땠는지 떠올려 보게 합니다. 홀가분함, 기쁨, 즐거움으로 뒤바뀌는 감정의 전환을 시 활동으로 이끌어 낼 수도 있을 것입니다. 이때 가능한 학생들이 참고할 수 있는 감정에 관한 학생들의 매개 시를 제시함으로써 학생들이 어렵지 않게 창작 활동에 참여할 수 있도록 합니다. 학생들의 시를 함께 교류하는 시간을 통해 진실과 화해의 필요성과 소중함을 느껴 보도록 합니다.

부록 참고: 8-1 사과와 화해에 대한 설문지.
학생들이 시를 쓸 때 양편의 관계를 맺어 주는 시.

# 3장 평화의 노래 배우기 <진실과 화해의 시간>[45]

 학급생활에 있어 진실과 화해가 왜 중요한지 의미를 되새겨 보았다면 〈진실과 화해의 시간〉이라는 시를 음미하면서 1, 2교시에 나누었던 이야기들을 다시 한 번 정리해 보는 시간을 가질 수 있습니다. 진실과 화해를 이해하기 위해서는 많은 개념들을 설명해 주어야 합니다. 자칫 딱딱해질 수도 있는 설명을 위해 시는 좋은 매개가 될 수 있습니다.

[45] 부록 참고: 8-2 〈진실과 화해의 시간〉 악보.

사실을 말할 땐 솔직하게 감정을 내려놓아요
남모르던 속마음을 서로서로 이야기해요
너도 모르고 나도 모르던 진실을 찾아내요
나의 책임 너의 책임 우리 책임을 알아내요

인정할 건 인정하고 사과할 건 사과해요 그게 용기죠
갚을 건 갚고 약속할 건 약속해요 그게 순리죠
사람에 대한 신뢰가 생겨요 나에게서 희망을 느껴요
세상이 전쟁터라 해도 이 순간은 영원해요

학급생활을 해 나가다 보면 서로 간의 권리가 충돌되는 문제가 발생합니다. 이때 감정적으로 대응하기보다는 차분하게 마음을 내려놓고 서로가 알고 있는 사실이 무엇인지 함께 확인해 보는 시간이 필요합니다. 인간의 기억은 각자가 보고 느끼고, 생각한 것 등으로 뒤죽박죽되어 있기 마련입니다. 무엇이 실제 일어난 사건이고, 무엇이 그로 인해 느낀 생각이나 감정인지 구분하고, 시간 순으로 나열해 나감으로써 객관적으로 이해하고 보지 못했던 진실도 찾아낼 수 있습니다. 속마음을 털어놓고 솔직하게 이야기 나누다 보면 역지사지의 화해 수순으로 나아갈 수 있습니다. 잘못을 인정하고 사과하는 것은 창피하거나 굴욕적인 것이 아니라 진정 용기 있는 행동입니다. 타인의 시선을 의식하여 분위기에 휩쓸려 행동하거나 동조하는 경향이 많은 요즘 아이들에게 교사는 이 점을 강조하여 다루어 주어야 합니다. 또한 진심 어린 사과란 어떻게 하는 것인지, 사과를 위해 필요한 마음가짐과 태도에 대해서도 꼼꼼히 짚어 줍니다. 예를 들어 '미안하긴 한데 앞으로 네가 이렇게 해 준다면 나도 이렇게 할게!'와 같은 조건부 사과나 그 상황만 모면하려는 성의 없는 사과는 진심 어린 사과가 아니라는 것을 알려 주어야 합니다.

솔직하게 말하는 것만으로 진실에 다다르는 것이 아니듯, 사과만으로 모든 책임이 끝난 것은 아닙니다. 앞으로 타인과 집단의 권리를 어떻게 지켜 갈 것인지 약속하는 시간이 필요합니다. 반성과 성찰, 사과와 약속을 통해 우리는 진실과 화해에 도달할 수 있고, 인간관계를 더욱 군건히 쌓아 나갈 수 있습니다.

이렇게 노래 가사의 내용을 자세히 해석해 본 후에 노래를 들어 보고 따라서 불러 보면서 마무리합니다. 노래 배우기를 먼저 한 후에 노래 가사를 익혀도 되고, 노래 가사를 해석하는 활동 후에 노래를 배워 봐도 좋을 것입니다.

## 4장 평화를 위한 학급 성찰문 안내

진실과 화해로 나아가려면 일어난 일을 되돌아보며 성찰하고 반성하는 과정이 필요합니다. 이어서 사과와 약속, 다짐이 수반되어야 합니다. 평화로운 학급을 만들어 가는 과정에서 개인과 개인, 개인과 소집단, 공동체 안의 갈등은 빈번하게 일어나게 될 것입니다. 교사는 1년 동안 학급에서 사용될 학급 성찰문 양식 을 소개합니다. '어떤 잘못이나 실수를 했나요?', '자신의 행동이 누구에게 어떤 피해를 주었나요?', '그 행동은 어떤 권리를 침해한 것인가요?', '자신의 행동이 다른 사람들에게는 어떤 영향을 미쳤을까요?' 등의 문항을 통해 학생들이 자신의 잘못이나 실수를 차분하게 되돌아볼 수 있을 것입니다. 무심코 지나칠 수 있는 권리 침해 사례를 제시하거나, 학교에서의 경험을 떠올려 보게 하여 성찰문을 모의로 작성해 보는 것도 좋을 것입니다. 진심 어린 사과의 말과 책임지고 약속하고 다짐하는 말도 적어 보게 하고, 발표를 통해 서로 교류해 봅니다. 여유가 있다면 사과 편지와 성찰 시를 소개해 주고 직접 써 보는 활동도 병행할 수 있습니다.

부록 참고: 8-3 교실 평화를 위한 학급 성찰문 양식.

# 우정의 날

깊이 읽기

요즘 교사들이 가장 어려워하는 것은 학생들의 생활지도입니다. 학교폭력이 발생하면 어떻게 대처해야 할지 난감합니다. 학교폭력에 관한 매뉴얼을 적용하여 사안을 수습해 보지만 문제를 해결하기란 쉽지 않습니다. 그런데 아이러니하게도 학생 간에 이뤄지는 학교폭력은 대부분 친한 친구관계에서 시작됩니다. 그런 까닭에 요즘 학생들의 고민과 걱정은 친구를 사귀는 것과 동시에 친구들로부터 따돌림당하지 않는 것입니다. 학교폭력의 수순까지 이르지 않더라도 학급에서 일어나는 생활지도의 90% 이상이 친구 사이의 문제입니다. 이와 맞물려 학부모 상담의 대부분이 자녀의 교우관계입니다. 자녀가 친구들과 별 탈 없이 지내는지, 따돌림 문제로 고민하지 않는지를 궁금해합니다. 학습 부분의 상담 역시 공부를 못해서 친구들에게 무시당하지는 않는지, 자신감 부족으로 인간관계가 위축되지는 않을지 등과 곧잘 연결됩니다. 물론 자녀 개인의 학습과 건강, 자아성취를 위한 과제 등 다양한 이야기로 말문을 트시는 학부모들도 있지만 교우관계에 대한 궁금증과 걱정이 학부모 상담 내용의 높은 비중을 차지하고 있다는 것은 부인할 수 없는 사실입니다.

　이렇듯 과거에는 사적인 영역으로 여겼던 친구관계와 우정이라는 주제가 이제는 점점 학교라는 공적인 영역으로 옮겨지고 있음을 알 수 있습니다. 예전에는 대가족이었던 가족환경이 지금은 거의 대부분 핵가족화되었고, 학교가 끝나면 동네에 모여 놀던 아이들은 학원으로 뿔뿔이 흩어지는 요즘 가정이나 지역사회의 역할은 기대하기 어려운 상황입니다. 자연스럽게 학교에서 담당해야 할 생활교육의 영역은 점차 강화되고 있으며, 친구관계와 우정에 대한 올바른 상을 정립할 수 있도록 학생들에게 적절한 교육의 기회를 제공해야 하는 상황입니다.

　그렇다면 '우정'이란 무엇일까요? 단순히 친구관계에서 만들어지는 가치일까요? 아이들은 그저 관심사가 같은 친구들끼리 모여 함께 이야기를 나누며 즐기는 것을 '우정'이라고 생각하는 경향이 있습니다. 또는 자기중심적으로 '우정'을 해석하여 필요한 것을 줄 수 있는 친구를 우정을 나누는 친구라 생각하기도 합니다. 친구관계에 부딪힐 때마다 아이들은 혼란스러움을 경험하기도 합니다. 싸우고 토라지면서 더 친해지는 경우도 있겠지만 절교로 인해 갈등을 겪는 학생들도 많습니다. 우정을 위해 무엇이 필요한지 머리로는 알고 있지만 친구 사이에 보이지 않는 힘겨루기는 끊임없이 이루어집니다. 친구가 나에게 다가와 주기만 바랄 뿐, 정작 본인은 노력을 하지 않는 경우도 있습니다. 진정한 친구를 사귀기를 원하지만 방법을 모르거나, 끼리끼리 어울리는 학급 분위기로 인해 호감을 느끼는 친구에게 다가가지 못하는 경우도 많습니다. 이렇듯 무수한 친구관계의 문제가 학생들의 삶에 커다란 비중을 차지하고 있습니다. 교사가 학생들과 삶의 대화를 할 수 있으려면 '우정'에 대해 잘 알고 있어야 할 것입니다. 자신이 맺어 온 친구관계를 돌아보며 우정을 결산해 보는 과정도 필요하겠지요. 이러한 준비단계 없이 우정교육을 하기란 어려울 것입니다.

친구를 사귀려면 비슷한 공감대를 바탕으로 친밀감을 느끼는 것이 우선되어야 하지만, 그것이 진정한 우정이라는 단계로 발전하기 위해서는 여러 가지 요소들이 더 필요합니다. 그 요소들 중 선행되어야 할 중요한 한 가지는 바로 자기와의 우정입니다. 자기 자신과도 우정을 만들어 가지 못하는 사람이 타인과의 우정을 만들어 갈 수는 없습니다.

앞서 4일째 자기우정의 날에서 우리는 학생들에게 자기우정 대화법을 소개하여 실천해 보고, '자기우정' 덕목을 배워 보았습니다. 9일째에는 자기와의 우정에서 한 걸음 더 나아가 친구들과의 우정, 즉 '타인과의 우정'을 위해 무엇이 필요한지 진지하게 고민해 보는 시간이 필요합니다. 교사는 학생들에게 '우정'은 사적이거나 은밀한 것이 아니며 평화롭고 화목한 학급을 만들어 가기 위해 필요한 매우 중요한 주제임을 거듭 강조해 주어야 합니다.

우정의 날에는 『어린 왕자』와 같은 고전을 매개 이야기로 하여 진정한 친구와 우정에 대해 고민할 수 있는 기회를 제공합니다. 『어린 왕자』를 모르는 학생은 없지만 이 책이 왜 세상 사람들에게 사랑받는 고전이 되었고, 어떤 울림을 주는지 모르는 학생들이 많을 것입니다. 어린 왕자는 우리에게 필요한 관계가 순수한 사랑과 우정임을 이야기하고 있습니다. 여러 대상과의 만남과 대화를 통해 어린 왕자가 느끼는 여러 가지 감정을 쫓아가 보기도 하고, 어린 왕자와 여우가 나누는 대화를 함께 읽다 보면 학생들은 교사가 정의한 딱딱한 '우정'의 개념을 머리로 배우는 것이 아니라 따뜻한 가슴으로 느낄 수 있을 것입니다.

'우정'을 위해 필요한 것은 친구 간의 도를 넘지 않으며 예의를 지키는 것입니다. 〈인간에 대한 예의〉라는 시는 친구를 사귈 때 기본적으로 필요한 마음가짐을 안내해 줍니다. 학생들과 함께 시를 음미해 보고 노래를 듣고 배워 보는 시간을 가져 봅니다.

노래 배우기에 이어 제비로 뽑은 친구 또는 짝의 눈을 그려 보는 시간을 갖습니다. 가뜩이나 외모에 집착하는 학생들에게 친구 얼굴을 그리게 하다 보면 본의 아니게 싸우는 경우가 많습니다. 콧구멍을 너무 크게 그렸느니, 눈을 작게 그렸느니 하면서 말이죠. 짓궂은 마음으로 친구의 얼굴을 우스꽝스럽게 그리며 관심을 끌려는 아이들도 나오기 마련입니다. 친구의 눈 그리기는 이와 같은 역작용을 조금이나마 예방할 수 있고, 그리는 동안 친구와 눈 맞춤을 할 수 있다는 점에서 좋습니다. 이렇게 그린 그림은 전시하여 함께 감상하거나, 친구에게 선물할 수도 있습니다.

우정의 날의 모든 활동을 마무리하면서 교사는 권리, 평화, 화목, 우정이라는 학급의 가치 중에 우정을 실천하는 것이 가장 어려울지도 모른다고 이야기해 줍니다. 우정은 권리처럼 서로 주고받는다든지 평화와 화목처럼 같이 만드는 것이라기보다는 때론 내가 가진 것을 포기하고 인내하는 외로운 과정이 될 수 있기 때문입니다. 그런 의미에서 우정을 키워 가는 사람은 평화학급의 최고수일 거라며 교사의

지지와 응원을 아끼지 않고 표현해 줍니다. 학교생활을 통해 진정한 우정의 가치를 배우고, 진정한 친구를 남길 수 있다면 그 무엇과도 바꿀 수 없는 보물을 발견하는 것임을 강조하면서 학생들의 실천을 독려하며 학습 활동을 마무리합니다.

## 1장 이야기를 통해 우정의 의미 들여다보기

우정의 날 첫 단추를 교사 자신의 이야기로 꿰어 보는 건 어떨까요? 아이들은 선생님에 대한 관심이 많기 때문에 먼저 동기유발 활동으로 선생님 자신의 친구 이야기로 시작하는 것도 좋을 것 같습니다. 예나 지금이나 학생들의 경우 저학년부터 고학년에 이르기까지 친구문제에 대한 고민이 많아 힘들어하는 친구들도 많고, 아이들의 관심사 역시 대부분 친구에 대한 것이기 때문입니다. 아마 앞서 첫째 날 3교시에 했던 설문 활동을 보더라도 친구에 대한 내용이 많을 것 같습니다. 교사 자신이 친구와 우정을 쌓기까지의 과정, 우정을 지속해 나가면서 겪었던 친구들과의 갈등, 해결 방법 같은 자기 경험 또는 교육적 효과를 위해 꾸며 낸 이야기를 아이들과 허심탄회하게 공유하고 아이들과 서로 소통하고 공감한다면 이는 우정의 말문을 여는 최고의 동기유발 방법이 아닐까 싶습니다. 그 과정에서 아이들은 '우리 선생님도 우리처럼 친구 때문에 힘들어할 때도 있으셨구나, 선생님도 실수를 하셨구나'를 생각하며 교사와 한층 가까워지는 계기가 될 수도 있습니다.

다양한 이야기로 학생들의 생각의 폭을 넓힌 후 본격적인 이야기를 시작해 봅니다. 바로 우리 모두가 잘 아는 고전인 『어린 왕자』입니다. 꼭 『어린 왕자』가 아니어도 상관없습니다. 우정을 다룬 다른 이야기책이 있다면 활용할 수 있습니다. 『어린 왕자』는 교사가 질문의 내용 및 수준만 학년에 맞게 조절하고 준비한다면 저학년부터 고학년에 이르기까지 다양한 학년에서 활용이 가능합니다. 또한 『어린 왕자』 책의 내용이 길기 때문에 전체를 다루지 않고 9일째 우정의 날에는 『어린 왕자』 중 '여우와의 만남' 부분만 선택해서 활용해 볼 수 있습니다. 9일째 우정의 날에는 '여우와의 만남' 일부분만 다루고 나서 후에 온책읽기 작품으로 선정하여 1학기 동안 계속 다루는 것도 우정교육을 위한 좋은 방법이 될 수 있습니다.

첫째 날 3교시에 이루어졌던 설문 결과를 토대로 친구에 대한 고민, 힘들었던 점에 대한 내용을 아이들과 공유하며 교사는 자연스럽게 친구 때문에 힘들어하고 외로운 한 친구인 어린 왕자 이야기를 꺼낼 수 있습니다. "어린 왕자는 오늘도 간절히 친구를 찾다가 여우에게 놀아 달라고 하네요. 여우가 놀아 줄까요? 어떤 이야기가 펼쳐질지 선생님과 함께 『어린 왕자』 중 여우와의 만남 부분을 읽어 볼까요?"라고 이야기를 시작해 봅니다. 다음은 어린 왕자와 여우의 만남 부분을 각색한 내용 입니다. 책을 읽어 주기 전 아이들을 옹기종기

---

42 부록 참고: 9-1 『어린 왕자』 이야기 각색 자료.

모여 앉게 하여 잔잔한 클래식 음악을 깔아 주면 신비로우면서도 진지한 분위기를 살릴 수 있습니다. 저학년의 경우 어린 왕자와 여우 인형을 준비하면 아이들이 더 몰입할 수 있으며, 여의치 않을 경우 어린 왕자와 여우의 삽화를 화면에 띄워 놓고 하면 좋습니다.

『어린 왕자』 발췌

어린 왕자: 여우야. 길들인다는 게 뭐야?

여우: 어린 왕자야, 길들인다는 건 관계를 맺는다는 뜻이야. 넌 아직 나에게는 수많은 다른 아이들과 다를 바 없는 한 소년일 뿐이야. 그래서 난 너를 필요로 하지 않아. 그리고 나도 어린 왕자 너에게는 수많은 다른 여우와 똑같은 한 마리 여우일 뿐이야. 하지만 네가 날 길들인다면, 나는 너에게 이 세상에 오직 하나밖에 없는 것이 될 거야.

어린 왕자: 여우야, 무슨 말인지 이제 좀 알겠어. 내겐 장미꽃이 하나 있는데… 그 꽃이 나를 길들였나 봐.

여우: 어린 왕자야, 네가 날 길들인다면 내 생활은 햇빛을 받은 것처럼 환해질 거야. 나는 다른 모든 발소리와 구별되는 너의 발소리를 알게 되겠지. 다른 발소리들을 듣는 순간 나는 땅 밑 굴속으로 기어 들어가겠지만, 너의 발소리를 듣는다면 나는 땅 밑에 있는 굴속에서 밖으로 나오게 될 거야.

이야기를 나눈 뒤 아이들을 자기 자리로 돌아가게 한 후 앞에서 읽었던 『어린 왕자』에서 인상 깊었던 문장을 포스트잇에 써 보게 합니다. 아이들에게 교사가 들려주었던 이야기 부분을 인쇄해서 나눠 주면 다시 읽어 보며 이야기를 음미하고 인상 깊었던 문장을 찾는 데 도움을 줄 수 있습니다. 아이들이 각자 인상 깊었던 문장을 다 쓰면 칠판에 붙여 보게 합니다. 교사는 아이들이 쓴 문장을 살펴보며 다양한 발문을 이어 나갈 수 있습니다. 다음은 위에서 읽었던 『어린 왕자』 이야기의 내용을 가지고 발문한 예시 자료입니다.

T: 여우는 길들인다는 것을 무엇이라고 말했죠?
S: 관계를 맺는 것입니다.
T: 관계를 맺는다는 건 어떤 의미죠?
S: 친구가 된다는 것입니다.
T: 친구가 된다는 것을 여우는 어떻게 설명했죠?
S: 모든 발소리와 구별되는 여우의 발소리를 알게 되어 굴 밖으로 나온다고 했습니다.
T: 여러분도 이와 비슷한 경험이 있나요?
S: 현관 앞 발자국 소리를 듣고 아빠가 퇴근해 오신 것을 알고 뛰어나갑니다.

교사의 발문에 학생들의 답변이 허술하게 나올 수 있으나 모든 생각을 허용하면서 격려해 줍니다. '우정'과 같이 우리 삶에 필요하지만 추상적이어서 어려운 개념들이 많습니다. 처음엔 쉬운 질문에서 점점 더 수준 높은 발문으로 나아가고, 학생들에게도 질문을 만들어 보도록 하면서 깊이 있는 사고를 통해 자신의 우정관을 바르게 쌓을 수 있도록 합니다.

## 2장 평화의 노래 배우기 <마음의 창문 >[48]

3교시에는 학생들에게 〈인간에 대한 예의〉 시와 〈마음의 창문〉 악보를 나누어 주고, 먼저 시를 낭송하게 합니다.


인간에 대한 예의


눈을 보아요
곁눈질하지 말고
내려 보지도 말아요
눈길에서 마음을 보고
눈길에서 마음을 전해요


얼굴을 보아요
자세히 보아요
한참 보아요
다르게 보아요
마음을 안아 줘요


손을 내밀어요

---

강하지만 부드럽게

굳세지만 조심스레 내밀어요

손길에서 마음을 보고

손길에서 마음을 전해요


대화를 나눠요

말로 이기려 하지 말고

말에 주눅 들지 말아요

대화에서 마음을 보고

대화에서 마음을 전해요


〈인간에 대한 예의〉라는 시는 친구 사이에 필요한 가장 기본적인 예의를 알려 줍니다. 친구를 바라보는 눈, 친구의 감정과 기분이 어떤지 살펴주는 공감과 배려의 마음, 친구를 위해 건네는 위로와 도움의 손길, 친구와의 교류를 위해 나눠야 할 대화의 자세에 대해 언급하고 있습니다. 교사는 이와 함께 친구관계에 필요한 중용의 미덕을 안내해 주어도 좋습니다. 중용이란 항상 도를 넘지 않도록 노력하는 것입니다. 편하다고 생각하여 예의를 잃지 않도록 항상 도를 넘지 않게 경계해야 한다는 의미입니다. 친구 사이에 중용하는 것은 쉬워 보이면서도 어려운 것입니다. 이것을 항상 생각하면서 노력할 때 친구와의 신뢰가 쌓일 수 있음을 알려 주도록 합니다.

〈인간에 대한 예의〉라는 시를 충분히 익힌 후에 시로 지은 노래 〈마음의 창문〉을 배워 보도록 합니다. 이 노래는 4학년 학생 다섯 명이 〈인간에 대한 예의〉 시를 읽고 그것을 가사로 하는 노래를 공동으로 작곡한 것입니다. 노래가 가진 특별한 이야기를 전달해 주면 학생들은 관심과 흥미를 갖고 멜로디에 귀 기울일 것입니다. 감상 후에는 부분에서 전체적으로 따라 불러 보면서 노래를 익혀 나갑니다.

## 3장 친구의 눈 그리기[49]

눈은 마음의 창입니다. 말과 행동은 상대를 속일 수 있지만 눈으로는 진심을 숨길 수 없음을 우리는 알고 있습니다. 4교시는 말없이 친구의 눈을 들여다보면서 그려 보는 시간을 갖습니다. 친구 얼굴 그리는 것은 많이 해 봤지만 친구의 눈은 처음 그려 보는 아이들이 많을 것입니다. 눈을 잘 그리거나 못 그리는 것이 중요한 것이 아니라 친구의 눈을 자세히 들여다보면서 그리는 것이 중요하다고 말해 줍니다. 제비뽑기로 눈 그리기 친구를 정해 보거나, 짝 활동으로 진행할 수 있습니다. 눈을 다 그린 학생들은 눈으로 전하고 싶은 이야기를 글로 써 보게 합니다. 활동이 끝나면 친구와 선물로 나누거나 학급에 게시하여 함께 감상해 보는 시간을 가져 봅니다.

---

49 부록 참고: 9-3 〈친구의 눈 그리기〉 학습지.

# 평화세상을
# 함께 꿈꾸는 날

깊이
읽기

　새 학급은 그동안 평화로운 교실을 꿈꾸며 평화규칙도 세우고, 학급 조직도 완성했습니다. 또 우정, 진실과 화해의 소중함도 배우고, 화목한 언어생활도 약속했습니다. 『학급 혁명 10일의 기록』 10일째에는 평화로운 학급의 시작을 기념하며 조촐하게나마 학급 의식을 가져 보는 것은 어떨까요? 학급 의식이라고 해서 거창할 건 없습니다. 교사와 칠판을 바라보던 학생들이 오순도순 둘러앉아 서로의 얼굴을 마주할 수 있도록 자리를 배치하고, 평소와는 다른 분위기에서 새 학기 소감을 나눠 보는 것만으로도 특별한 학급 의식이 될 수 있습니다. 여기에 약간의 소품이나 배경 음악 등을 곁들여 주면 분위기를 살리는 데 도움이 될 것입니다. 매년 담임이 바뀌고, 교실도 달라지는 교육 환경이기에 새로 만난 학급 구성원들과 한 해의 소망을 나누고, 학년 말 학급 모습을 미리 상상해 보고 표현하는 시간은 새 학년의 의미 있는 출발점이 될 것입니다. 또한 2주 동안 배웠던 것들을 다시 한 번 정리하고, 새 학년의 다짐을 되새기는 계기가 될 것입니다.

　정적인 학급 의식 외에도 '평화 학급 개막식' 같은 역동적인 활동을 계획해 볼 수도 있습니다. 최근 우리나라에서 열렸던 2018 평창동계올림픽 개막식은 '평화 메시지'를 전 세계에 선포하며 주목을 받았습니다. 평화를 상징하는 '인면조'를 형상화한 공연과 대형 비둘기 형상의 등불 퍼포먼스는 평화를 염원하는 강한 인상을 주었습니다. 올림픽에 참가하는 선수들뿐만 아니라 중계방송을 시청한 모든 사람들에게 올림픽의 이상을 각인시켰습니다. 특히 평화로운 세상을 상상하는 '이매진(Imagine)'이란 노래가 불리는 가운데 등불을 든 공연자들이 모여 큰 비둘기 형태를 이룬 장면을 본 이탈리아 어느 해설가의 평을 가슴속에 새겨 두고 싶습니다.

"남한은 대단한 나라입니다. 폭력 없이 촛불 하나만으로 평화로운 세상을 이뤄 냈습니다. 언젠가 그들은 촛불의 힘으로 다시 한 번 평화롭게 통일을 이룰 것이라 믿어 의심치 않습니다."

역사와 문화, 언어가 다른 이탈리아에서 개막식을 보고 평화 메시지를 느꼈다면 하물며 같은 역사와 언어를 공유한 북한 동포들은 어떠했을까요? 당장 통일을 이룰 수 없더라도 한반도에 평화를 만들자는 의지를 분명 읽었을 것입니다. 전통악기인 북과 장구가 연주되고 춤사위와 함께 펼쳐진 공연을 보면서 북한 동포들도 '역시 우리는 하나구나!'라고 느끼지 않았을까요?

올림픽은 본격적으로 경기를 치르기 전과 후에 선수들과 관계자들이 함께 어우러져 올림픽 개막식과 폐막식을 진행합니다. 올림픽 개막식에서는 시작을 알리는 신호로 화려한 공연과 공식 선언 및 국가별 퍼레이드가 펼쳐집니다. 이렇게 많은 인력과 시간, 돈을 투자해서 개막식을 성대히 치르는 까닭은 세계 각국의 젊은이들이 한데 모여 조국의 명예를 걸고 정정당당히 경쟁하라는 의미일 것입니다. 또한 인류가 서로 이해하고 사랑하며 세계 평화에 이바지한다는 올림픽 정신을 되새기라는 뜻입니다.

이처럼 학급 개막식 역시 함께 어우러져 응원하고 박수치는 속에서 '우리 반은 하나구나!', '우리가 무언가를 함께 느끼고 있구나!'와 같은 공동체 의식을 느껴 보는 시간이 되어야 할 것입니다. 또한 평화로운 학급을 향한 포부와 다짐을 발표하고 앞으로의 시간을 앞당겨 상상해 보는 가운데 '1년간 이렇게 살았으면 좋겠어', '우리 같이 이런 반을 만들어 보자'와 같은 한 해의 청사진을 서로의 가슴에 남길 수 있어야 합니다.

평화로운 세상을 함께 꿈꾸는 날엔 서로에 대한 경계의 벽을 허물고 누구라도 부담 없이 어우러질 수 있는 화목놀이를 활용합니다. 간단한 공동체 놀이를 시작으로 함께한다는 것의 의미와 소중함을 느끼게 한 뒤 본격적으로 팀별 화목놀이를 진행하면서 서로를 응원하고 격려하는 시간을 가져 봅니다. 굳이 새로운 활동을 투입하기보다는 그동안 배운 노래들로 여러 화목놀이를 구성해 봐도 좋겠지요. 노래 가사 틀리지 않고 부르기, 노래에 맞추어 율동 만들기 등 학급 전체 미션이나 모둠 대항전도 펼칠 수 있습니다. 처음엔 쑥스러워도 친구들과 함께 가사를 외우고, 노래를 부르다 보면 '함께 협동하니 참 좋네!'라는 하나 된 기쁨을 소소하게 맛볼 수 있을 것입니다. 물론 분주한 새 학기에 굳이 학급 개막식을 열어야 하는지 번거롭다고 느낄 수 있습니다. 그래서 학급 개막식을 거창하게 준비할 필요는 없습니다. 활동에 의미를 부여하고 생기를 불어넣는 것이 학습 활동의 목표임을 잊지 않습니다. 함께한다는 것의 즐거움과 소중함을 느낀 후에는 이날의 느낌을 시로 남겨 봐도 좋을 것입니다.

〈따뜻한 아이들〉이란 노래는 교사가 학급 아이들에게 건네는 화목의 메시지를 담고 있습니다. 아이들이 시를 쓰기 전에 또는 시를 쓰는 중에 노래를 들려준다면 교사의 소망도 자연스럽게 전달될 것입니다.

## 1장 새 학기 소감 나누기

교사는 학급 개막식이라는 글자를 칠판에 크게 적거나 인쇄된 종이를 붙여 두고, 학생들을 동그랗게 앉도록 합니다. 그것만으로도 '오늘은 평소와 뭔가 다르구나!'라는 느낌을 나눌 수 있습니다. 본격적인 활동을 시작하기에 앞서 교사는 지난 9일을 돌아보며 소감 나누기를 진행해 봅니다. 이때 문득 떠오르는 이미지를 그리거나, 색깔만으로 감정을 추상적으로 표현하게 합니다. 또는 교실에 감정카드나 프리즘 카드가 있다면 그것을 활용하여 자신의 느낌을 표현할 수도 있습니다. 학생들의 그림이나 카드를 앉아 있는 가운데에 잘 보이게 펼쳐 놓고 소감을 나누어 봅니다. 만약 연상 활동에 어려움을 느끼는 학생이 있다면 그림 없이 자유롭게 발표해도 좋다고 안내합니다. 이때 교사가 먼저 시범을 보여 줍니다.

## 2장 모두 함께하는 공동체 놀이

　소감 나누기에 이어 자연스럽게 '우리는 하나!'라고 느낄 수 있는 놀이를 진행합니다. 상대방의 손을 잡고 원을 만들어 노는 '강강술래', '월월이청청'은 대표적인 대동놀이입니다. 그러나 아직 학년 초이고 고도의 협력과 많은 연습이 필요한 놀이를 적용하기는 어렵습니다. 따라서 최소한 협력으로 하나임을 느낄 수 있는 놀이가 좋겠습니다.

　예를 들어 서로 손을 잡고 원의 형태로 앉아 손뼉을 치며 노래 부르는 놀이입니다. 1단계는 〈평화의 세상〉 노래를 제창하며 박자에 맞추어 손뼉을 칩니다. 1~2학년의 경우 노래를 부르기 전에 구령과 손뼉 치는 동작을 반복해서 연습한 후 노래하면 도움이 됩니다. "하나에 내 손뼉, 둘에 오른쪽 친구 손뼉!" "하나! 둘!" "하나! 둘!" 느리게 치다가 어느 정도 박자가 맞을 때 〈평화의 세상〉을 제창하며 손뼉을 칩니다. 이때 장난으로 옆 친구의 손뼉을 세게 치지 않도록 주의를 줍니다.

　〈평화의 세상〉을 4절까지 부르며 손뼉 치기가 성공했다면 교사는 "우리 수준을 높여 볼까요? 2단계는 노래 부르며 옆 사람에게 콩 주머니를 전달하는 놀이입니다. 이 콩 주머니는 그냥 주머니가 아닙니다. 평화를 바라는 우리의 꿈을 담은 주머니입니다."라고 말합니다. 교사가 주머니를 오른쪽 학생에게 전달하면 다시 오른쪽 친구에게 전달하면서 한 바퀴를 돌아 처음 자리인 교사에게 돌아오게 하는 활동입니다. 고학년은 원을 좀 더 크게 만들어 일어선 상태에서 공을 던지고 받는 활동으로 난이도를 높일 수 있습니다. 주머니가 바닥에 떨어지거나 멈추지 않고 한 바퀴를 돌았다면 평화의 꿈이 성공적으로 이루어진 것입니다. 목표를 정해 한 바퀴에서 두, 세 바퀴로 공동의 목표를 늘려 가면서 성취감을 느낄 수 있을 것입니다.

3단계로 경쾌한 응원가인 〈평화의 행진곡〉 등의 빠른 템포의 노래에 맞추어 '평화의 꿈 주머니' 전달하기 놀이를 합니다. 학생들은 빠른 곡을 더 좋아하기 때문에 즐거움을 맛볼 것입니다. 그 외에도 '평화의 고리 전달하기'와 같은 공동체 놀이를 진행할 수 있습니다. 2~3교시를 놀이 시간으로 묶어서 자연스럽게 팀 활동으로 연결해 줍니다.

### 평화의 고리 전달하기

준비물: 크기가 다른 훌라후프 2개

1. 학생들은 원으로 둘러서서 손을 잡습니다.
2. 교사는 참여자 중 한 사람의 팔에 훌라후프 하나를 겁니다.
3. 훌라후프를 손에 건 사람을 시작으로 훌라후프를 오른쪽 사람에게 전달합니다. 훌라후프가 참여자 모두의 몸을 통과해 다시 처음 위치로 올 때까지 한 바퀴 돌아오면 됩니다. 이때 손을 계속 잡고 있어야 하며, 손을 놓치면 처음부터 다시 시작합니다.
4. 활동에 익숙해지면 훌라후프를 양방향에서 출발시킵니다.

※ 목표 시간을 정해 놓고 시간 단축을 목표로 활동해도 좋습니다.

## 3장 평화의 풍선 띄우기

교사는 혼자 주머니를 던지고 받았을 때와 친구에게 전달했을 때 어느 쪽이 더 재미있는지, 어떤 차이가 있는지 질문합니다. "혼자 던지고 받는 놀이는 마음대로 높이나 속도를 조절할 수 있어서 재미있어요."라는 학생이 있는가 하면 다른 학생은 "친구에게 전달하기 놀이는 중간에 주머니를 떨어뜨릴까 봐 긴장이 되었어요.", "마지막 친구까지 성공하니 혼자 한 것보다 더 기뻤어요." 등 서로 다른 점을 발표할 것입니다. 교사는 학생들의 발표를 적극적으로 수용해 주면서 놀이나 경기에서 개인이 성공할 때의 기쁨도 있지만 여럿이 함께 성공했을 때의 기쁨은 또 다른 즐거움이라는 것을 알려 줍니다. 올림픽 경기 장면 중 개인전과 단체전 영상을 비교해 보면서 선수들이 우승할 때 어떤 기분일지 느껴 보는 것도 흥미로울 것입니다.

교사는 앞서 진행한 '평화의 꿈 주머니' 전달보다 더 많은 협동이 필요한 모둠 활동을 소개합니다. 저학년의 경우는 보자기로 풍선 띄우기와 같이 쉽고 간단하면서 모둠 구성원 간의 협동과 응원이 필요한 활동을 진행할 수 있습니다.

평화의 풍선 띄우기

1. 네 사람이 한 모둠이 되어 보자기의 귀퉁이를 잡습니다.
2. 보자기를 튕겨 풍선을 띄우며 숫자를 세며 연습하게 합니다.
3. 모둠별로 몇 개 정도 풍선을 띄울 수 있는지 알아본 후 학급 전체의 목표 개수를 함께 정합니다.
4. 첫 번째 모둠부터 나와서 풍선을 띄우고, 나머지 친구들은 큰 목소리로 숫자를 세며 응원합니다.
5. 첫 번째 모둠이 풍선을 떨어뜨리거나 보자기에서 손을 놓칠 경우 그다음 모둠이 이어서 진행합니다.
6. 학급 목표 개수를 도달하더라도 마지막 모둠이 미션을 끝낼 때까지 함께 응원합니다.
7. 만약에 학급 목표 개수 도달에 실패했다면 다음 성공을 위해 무엇이 필요한지 함께 이야기해 보고 재도전 일정을 잡아 봅니다.

'평화의 풍선 띄우기' 활동을 통해 학생들은 서로 간의 호흡을 맞추지 않으면 풍선을 떨어뜨릴 수 있다는 사실을 깨닫게 됩니다. 풍선을 정확하게 띄우려면 보자기를 잡아당기는 힘의 세기를 서로 맞춰야 하기 때문입니다. 이처럼 '평화의 풍선 띄우기' 활동을 통해 학생들은 함께 성공하는 기쁨을 맛볼 수 있습니다.

## 4장 소망의 글귀 적기, <따뜻한 아이들> 노래 감상

4교시는 〈따뜻한 아이들〉[50]이란 시를 함께 읽어 보고 노래를 들려주면서 올 한 해 교사가 바라는 따뜻하고 화목한 교실에 대한 희망을 전해 줍니다.

따뜻한 아이들

지금 함께하는 우리 반 아이들아
따뜻한 아이들아
우리 가는 이 길이 어두울지라도
발맞춰 함께 가자

가정이 화목하면 모든 일 이루어지듯
우리 교실도 화목하면은
모두 함께 갈 수 있다

쓰러져도 다시 일어설 수 있다
파란 하늘을 다시 품을 수가 있다
서러워도 다시 웃을 수가 있다
다시 달릴 수 있다.

50  부록 참고: 10 〈따뜻한 아이들〉 악보.

노래를 감상한 뒤 교사는 소망 글귀에 대해 이야기합니다. 우리 조상들은 예로부터 '입춘대길'이라 하여 입춘을 맞이하여 길운을 기원하는 글을 대문에 붙여 놓곤 했습니다. 입춘은 만물이 소생하는 봄에 들어선다는 뜻으로 새로운 시작을 의미합니다. 우리 학급도 이와 같이 새로운 시작에 맞춰 평화롭고 화목한 학급을 기원하는 소망 글귀를 만들어 보자고 제안합니다. 간절히 바라면 이루어진다는 말이 있듯이 소망 글귀에 적힌 우리의 바람도 언젠가는 꼭 이루어질 것입니다. 소망 글귀를 어떻게 써야 할지 몰라 어려워하는 학생들이 있다면 위의 시에서 마음에 드는 부분을 찾아 써 보게 합니다. 글귀는 큰 글씨로 예쁘게 써서 잘 보이는 곳에 게시하거나, 작은 책갈피로 여러 개 만들어 친구들과 나누게 하는 것도 좋을 것입니다.

**2부**

평화를 체험하다

# 교실 평화의 길,
# 교육의 희망을 비추다

에피파니

　5살 딸아이를 키우면서 나는 유치원에서부터 따돌림 문제가 발생한다는 사실을 직접적으로 경험할 수 있었다. 무리 안에서 약한 아이를 놀리며 고립시키고 무시하거나, 센 척하며 대장 노릇을 하려는 아이들은 항상 존재했다. 사회생활을 시작한 딸아이가 또래들 사이에서의 힘겨움을 내비친 건 만 3세 반이 끝날 때쯤이었다. 부모나 교사에게 말하지 못하고 긴 시간 혼자 속앓이를 했던 아이를 생각하면 지금도 마음이 아프다. 어린 연령의 유아 집단에서도 따돌림 문화의 실체는 분명히 존재했다. 학생들의 의식이 성장해 나감에 따라 따돌림 문화는 점차 내면화되었고, 적절한 교육적 개입이 이루어지지 않을 때는 더욱 심화되었다. 평화로운 교실을 체험하지 못한 학생들이 고학년이 되면 학급은 자연히 또래집단으로 분열되고, 그 안에서 따돌림과 폭력 문화가 만연하는 수순을 겪을 수밖에 없었다. 그런 까닭에 새 학년, 새 학기는 그 어느 때보다도 교육적 개입이 요구되는 시기였다.

과거의 나는 이처럼 중요한 새 학기를 어영부영 넘기는 경우가 많았고, 필요성을 느낌에도 기존의 방식에 한두 가지 활동을 끼워 넣는 수준에 머물러 있었다. 학급은 교사와 학생, 학생과 학생의 거리를 좁히지 못한 채 따돌림 문화를 어쩔 수 없는 것, 당연한 것으로 받아들여야 했다. 물론 운이 좋아 학생들끼리 무탈하게 지내는 경우 있었지만 그 반대의 경우엔 과거 해결되지 않은 감정들까지 더해져 학급의 상황은 점점 미궁으로 빠지기도 하였다.

분열의 힘, 센 척과 갑질, 따돌림 문화처럼 학생 개개인, 또는 또래 집단의 자의적 힘이 강하면 강할수록 학급은 그에 상응하는 강력한 집단의 힘을 필요로 했다. 계속되는 실패와 좌절을 겪던 나는 『학급 혁명 10일의 기록』에 관한 교육과정 재구성을 통해 새 학기 2주간의 활동에 정당성과 의미를 부여함으로써 단호하고 치밀한 교육적 개입을 시작하였다. 교사가 평화의 깃발을 세우는 것이 중요하다 해도 모든 과정이 교사 중심으로 이루어진다는 뜻은 아니었다. 평화로운 학급은 교사가 일방적으로 학생들을 이끌어 가는 것이 아니라 교사와 학생이 함께 만들어 갈 때 실현되는 것이었다. 교사와 학생, 학생들 간의 충분한 대화를 통해 공동의 목표를 세우고 실천 의지를 다지는 것이 무엇보다도 중요했다.

학급 밭에 평화의 씨앗을 정성스럽게 심어 놓으면 교사와 학생 사이의 친밀함과 신뢰 관계가 자연스럽게 형성되었다. 학급은 권리, 평화, 화목, 우정이라는 평화적 공화주의의 가치를 통해 학급정체성을 세워 나갈 수 있었다. 학급이 공동의 결정을 내려야 할 때마다 서로 다른 의견을 가진 학생들은 충돌할 수밖에 없었다. 평화적 공화주의란 학급의 의사결정이 다수의 이익이나, 목소리 큰 사람들의 바람대로 이루어지는 것이 아니라 학급이 공유하는 가치 기준을 통해 이루어지는 것을 의미한다. 교사는 학생들과 대치적 관계에 서기보다는 합리적인 안내와 설득을 통해 그들을 이끌어 주어야 했다. 이 과정에서 교사의 치밀한 사전 준비가 요구되었지만 준비가 잘 이루어졌을 때 그것이 가져다주는 교육적 효과는 충분한 것이었다.

교사의 확고하고 단호한 교육 의지가 전해지면 학생들은 그것을 믿고 따라와 주었다. 촘촘하게 잘 짜인 새 학기 학습 활동은 그 자체로 교사의 명확한 교육 의지를 전하는 것이었다. 새 학기가 시작된 3월은 학생들이 집단을 의식하는 시기이기에 교사가 교과 진도를 무미건조하게 나가더라도 잘 따라와 주는 시기였다. 나는 이와 같은 시기적 특성을 활용해서 교사 수준의 학급교육과정을 사려 깊게 안내해 주었다. 권리, 평화, 화목, 우정, 진실 화해의 시간이나 자기우정과 같이 학생들이 처음 접하는 생소한 개념들을 새 학기 학습 활동으로 다루지 않았다면 이후엔 학생들에게 투입하는 것이 몇 배로 힘들었을 것이다.

평화적 학급의 토대를 쌓았던 10일간의 여정은 학생 생활과 학습을 위한 학급 본연의 기능을 정상화시켜 주었고, 교사에게 가르치는 보람과 기쁨을 느낄 수 있게 해 주었다. 물론 학생들 간의 갈등과 싸움은 때때로 일어났지만 우리들에겐 새 학기에 약속한 진실과 화해의 시간이 든든한 버팀목이 되어 주었다. 학생들은 학급에서 일어나는 일들에 대하여 방관하기보다는 관심을 기울였고, 공정한 태도로 자신의 의견을 제시해 주었다. 잘못을 한 학생들은 빨리 인정했고, 화해와 책임의 과정도 수월하게 진행되었다. 개개인의 이기심이 학급의 평화를 깨뜨리는 위기를 맞을 때는 함께 만든 평화규칙을 돌아보며 주의를 기울이게 하였다. 교사가 학생을 일대일로 관리하는 것이 아니라 평화규칙이라는 공동체의 규율이 양심에 귀 기울이게 하였다. 교사의 훈계가 필요한 순간도 종종 찾아왔다. 그러나 감사하게도 학생들은 교사의 훈계를 잔소리가 아닌 '도움 되는 말'로 여겨 주었다. 따끔한 비판과 충고는 교사 개인이 아닌 학급공동체의 목소리였기에 학생들은 충분히 열린 마음으로 받아들였던 것 같다.

권리교육을 통해 최소한의 권리 존중이 확보되었더라도 또래집단의 분열과 따돌림 문화에 대한 예방을 위해 화목한 학급 분위기를 만들어 가는 것이 중요했다. 욕설의 사용은 평화규칙을 통해 제지할 수 있었지만 무시와 비난의 표현, 센 척의 말은 은연중에 사용되고 있었다. 이와 같은 지배적인 언어 사용은 학급의 화목을 쉽게 무너뜨렸다. 나는 학생들에게 비지배적 언어 사용의 규칙을 알려 주고 습관화해 나가길 당부했다. 화목화행 교육도 중요했지만 화목을 키우는 데는 화목놀이만 한 것이 없었다. 새 학기에 놀이약속의 중요성을 공유한 후로 놀이 중에 벌어지는 싸움이나 갈등은 찾아보기 힘들었다. 학생들은 친한 아이들끼리 놀기도 했지만 또래집단이 개방되어 있어 놀이에 참여를 원하면 놀이약속을 지키는 선에서 언제든지 낄 수 있었다.

최근 나는 평화로운 학급을 위한 학급교육과정이 학생들에게 어떻게 수용되고 있는지 알기 위해 26명의 학생을 대상으로 '교실 평화를 위한 학습 활동 설문조사'를 진행하였다. 나는 설문에서 새 학기 9가지 학습 활동(평화규칙 제정, 학급부서 조직, 기자회견을 통한 학급 임원 선거, 청소규칙 제정, 새 학기 화목놀이, 물·불·흙·공기로 자기소개, 친구 이름 쓰기, 평화상징 만들기, 평화노래 배우기)과 1년 동안 꾸준히 진행되었던 학습 활동(진실과 화해의 시간 운영, 자기우정학습, 학급 서사집 제작 등)에 대한 학생들의 호응과 수용 정도를 5점에서 1점까지 점수로 기입하게 했고, 특별히 인상적이었던 내용을 적어 보게 하였다. 설문 활동은 개인적인 만족감보다는 학급의 권리, 평화, 화목, 우정을 만들어 가는 데 얼마만큼 도움이 되었는지를 기준으로 작성해 보라고 하였다. 학생들이 기입한 점수 분포도와 소감, 개별 인터뷰 등을 고려했을 때 5점에서 3점 사이의 점수는 대체로 긍정적인 반응을 나타내는 것으로 해석할 수 있었다.

설문 결과를 내 보니 대부분의 활동에서 긍정적인 반응이 80%에서 90% 사이에 분포하였다. 그중 화목놀이가 100%, 학급 서사집 제작이 92% , 평화의 노래 배우기 88%로 학생들의 큰 호응을 얻었고, 학급 평화에 많은 기여를 했다는 것을 알 수 있었다.

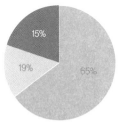

| 새 학기 화목의 시간 |

15%
19%
65%

학생들의 한마디
• 친하지 않았던 친구들과도 친해질 수 있는 계기가 되었다.
• 우리 학급 전체가 친목을 쌓고 화목하게 지내는 데 도움이 됐다.
• 같이 웃으면서 진짜 친해졌다.
• 서로 응원해 주고, 격려해 주는 사이 우정을 키워 나갈 수 있었다.

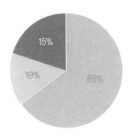

학생들의 한마디
• 친구들과 협동을 키울 수 있었다.
• 우리 학급 친구들과 더 많이 친해질 수 있는 시간이었다.
• 친구들끼리 응원하고 격려해 주다 보면 우정을 더 키울 수 있었다.
• 학급의 화목이 커지는 시간이었다.

　　학생들은 화목놀이에 대하여 '친구들과 협동을 키울 수 있었다', '친하지 않았던 친구들과 더 많이 친해질 수 있는 시간이었다', '같이 웃으면서 노니까 진짜 친해졌다', '학급 전체의 친목을 다질 수 있는 시간이었다', '화목놀이를 할 때 응원하고 격려해 주면서 우정을 키울 수 있었다', '학급의 화목이 커지는 시간이었다' 등 가장 많은 소감을 남겨 주었다.

| 평화의 노래 배우기 |

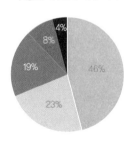

학생들의 한마디
• 친구들과 함께 부르니 합창단이 된 것같이 재미있었다. 종업식 때도 부르고 싶다.
• 평화의 노래가 마음에 들었고, 가사 내용처럼 우리 학급이 그랬으면 좋겠다고 생각했다.
• 노래의 의미가 좋았고, 우리 학급의 우정과 화목에 많은 도움이 되었다.
• 노래 가사가 너무 좋았다.
• 좋은 노래를 배웠다.

평화의 노래 배우기에서는 '좋은 노래를 배울 수 있어서 좋았다', '노래가 권리, 평화, 화목, 우정의 내용을 담고 있어서 학급에 도움이 됐다', '노래를 부르면서 우리 학급도 평화로워졌으면 좋겠다고 생각했다' 등의 긍정적인 소감이 주를 이뤘다.

**학급 서사집 제작(평화의 열매)**

- 한 계절 동안 학급에서 했던 활동이 담겨 있어 우리가 어떻게 지냈는지 알 수 있었다.
- 우리들의 작품이 한 권의 책이 될 수 있다는 것이 뿌듯했다.
- 5학년에서 배운 것과 생활 모습을 잘 기억할 수 있었다.
- 열심히 했던 과제와 활동들이 서사집에 모두 올라가서 좋았다.

학급 서사집은 학급 평화를 만들어 갔던 이야기를 고스란히 담아 내는 책이다. 서사집은 월간, 계간, 학기 서사집, 학년 서사집 등의 다양한 형태가 있는데, 우리 학급은 올해 봄, 여름, 가을, 겨울 호 계간지를 발간했다. '평화의 열매' 서사집의 이름도 학생들이 학급회의를 통해 직접 정한 것이다. 학생들은 '한 계절 동안의 활동이 고스란히 담겨 있어서 우리가 어떻게 지냈는지 알 수 있었다', '우리들이 쓴 시와 글로 한 권의 책을 만들 수 있다는 것이 뿌듯했다', '4학년 때까지는 잘 기억에 남지 않던 것들이 평화의 열매가 있어 5학년 생활은 기억에 잘 남았다'고 많은 소감을 달아 주었다.

그 외 10일간의 새 학기 학습 활동 중 친구 이름 쓰기에 대해 '다른 활동에 비해 가장 평화로웠다', '친구의 이름을 쉽게 익힐 수 있었다', '친구 이름을 또박또박 쓰다 보니 모두가 소중하다고 생각됐다'고 답변한 부분이 인상적이었다. 자기우정학습에서는 '내가 소중하다고 느껴졌다', '나 자신을 돌아보면서 친구들과도 잘 지낼 수 있었다'라고 남겨 주었고, 진실과 화해 시간에서는 '학급에서 일어나는 친구들 사이의 문제들이 잘 해결되었다', '선생님과 친구들의 의견을 참고하면서 잘못을 인정하고 고쳐 나갈 수 있었다'고 회상하였다.

나는 학생들의 설문지를 꼼꼼히 살펴보면서 설문 결과가 주는 시사점을 정리해 나갔다. 화목놀이와 평화의 노래 배우기, 학급 서사집 제작 활동은 지속적이고 반복적으로 이루어지면서 학생들에게 긍정적 평가를 가능하게 하였다. 실제로 학급 서사집의 경우는 교사 학생 모두 많은 시간과 공을 들이면서 내면화 과정을 거칠 수 있었고, 평화의 열매라는 이름답게 뚜렷한 결과물이 있어 수확하는 기쁨도 느끼게 해 주었다. 화목놀이와 평화의 노래 배우기는 학생들의 호응을 통해 반복 활동이 자연스럽게 이어질 수 있었다. 그러나 자신의 행위를 성찰하거나, 깊이 있는 사고가 요구되는 평화인성교육 활동에서는 어려움을 느끼는 학생들이 있었다. 이것이 대부분의 학습 활동에 부정평가 지수가 발생한 이유였다. 학급에는 학생들의 학습 편차가 존재하기 마련이다. 공부를 잘하거나, 못하는 학생들의 어느 한쪽이 학습에서 소외감을 느끼지 않게 하려면 우리는 그에 맞는 학습 방법을 모색해 나가야 할 것이다. 교사와 학생, 학생과 학생이라는 개별적 연결을 넘어서 다수와의 연결, 집단과의 연결을 통해 학습의 목표와 방향을 세우고 배움의 효율성 또한 극대화될 수 있는 상생적 교류 학습에 대한 연구 실천이 시급히 이루어져야겠다는 생각이 들었다. 가정적인 문제로 인해 학습동기가 부족한 부적응아들의 경우 부정적인 참여 태도를 전환시켜 줄 수 있는 개별 교육 방법이 보완되어야 할 것이다.

## 학생들의 소감

구기 평화는 학급 평화마을 만들 수 있게 나에게 큰 도움이 많은 동아리 협력 공부을 만들어 갈 수 있어서 좋았다. 무엇보다 대립과 다툼 때에는 이 세워지면은 무서 많은 문제가 나도 평화의 하고 있었다. 그래서 나도 면 분위기가 한결 좋아진것 같아있다. 특히 평화이 위해 활동이 생긴 줄이다. 그 다래시 친구들 학습을 맞는 것도 매우함없다. 그 결과 집중하여 집중한 평화한 친구들이 같이라 뿐이 해냐 남는 동안 친구들이 따듯아도 서요되지 않도 목 더 노라고 말이 했으면 좋겠다.

지금까지 했던 활동이 나에게 도움이 많이 된 것 같다. 친구들끼리 싸울 때도 있었고, 화날 때도 있었지만 그럴 때마다 선생님이 여러을 대신 활동 더분에 학급 평화에 많은 도움이 되었다. 남은 시간도 늘 그래 왔던 것처럼 즐겁게 보내고 싶다.

학습평화규칙이 가장 도움이 되었다. 왜냐하면 규칙을 지키도록 혼련을 할 수 있기 때문이다. 팀 대항 경기는 서로 응원하는 습관을 늘이고, 서로 협동하는 것에 도움이 되었다.

교실 평화를 위한 평화학습 활동을 통해 친구들과 친해지는 기회가 생겨서 좋았다. 2019년에도 이대로만 하면 좋을 것 같다.

특별한 활동으로 추억을 만들었던 것 같고, 이 활동을 앞으로 그대로 해도 괜찮을 것 같다.

교실 평화를 위한 평화학습 활동을 통해 친구들과 더 가까워질 수 있었고 협동할 수 있어서 아주 좋았던 것 같다. 평화규칙 점검활동과 진실과 화해의 시간을 통해 내가 잘못했던 점을 돌아볼 수 있어서 좋은 기회가 되었다.

내가 지내온 학년 중 가장 특별했던 것 같다. 왜냐하면 좋은 추억을 남길 수 있었고 평화 활동을 통해 친구들과 더 친해질 수 있어서이다.

자기우정 학습 활동을 하면서 나를 돌아볼 수 있었고, 화목놀이를 하면서 친구들과 화목해질 수 있었다. 평화의 노래를 다 같이 부르니 우리 반이 평화로워지는 것 같았다. 평화의 열매를 다 같이 만드니 너무나 뿌듯했다. 팀 대항 응원 경기를 통해 서로를 응원하고 우정을 키울 수 있었다.

교실 평화를 위한 평화학습 활동들이 학생들에게 의미 있는 시간 이었다니 감사하고 뿌듯한 마음이 들었다. 평화롭고 화목한 학급의 토대 위에서 우리는 위축된 마음으로 서로를 끊임없이 의식하며 살기보다는 풍부하게 교류하며 상생할 수 있었다. 학생들의 소감을 보면서 학부모들의 소감은 어떨지 궁금하던 찰나 뜻밖의 기회를 통해 학부모들의 소감문이 전달되었다. 사려 깊게 써 내려간 학부모들의 편지에는 교사에 대한 응원과 지지로 가득했다.

학업 성취를 학교교육으로 보는 사람은 앞으로 사라질 직업으로 교사를 말합니다. 그 어떤 기술이 발전한다고 해도 저는 교사라는 직업은 존재할 수밖에 없다고 생각합니다. 기술이 지식을 대신할 수 있지만 눈을 맞추며 교감하며 마음을 소통하는 것까지 가능할까요? 선생님을 만나고 더욱 그 생각에 대한 믿음이 틀리지 않았음을 확인하는 시간이었습니다. 학생들에게 필요한 교육은 바로 선생님과 함께하는 지금 이 순간입니다. 그것이 공교육이 존재해야 하는 이유입니다. 학업은 교육의 일부일 뿐. 더 중요하고 먼저 선행되어야 하는 것을 하심에 진심을 다해 응원을 드립니다.

새 학기 시작부터 학급의 방향을 정해서 아이들이 건강한 사회생활을 배울 수 있도록 여러 가지 방법으로 노력하시는 모습에 감사드립니다. 아이들도 자연스레 즐거워하고 적극적으로 생활하는 것 같습니다. 지금의 아이들에게 필요로 하고 부족한 부분들을 섬세하게 인지하고 계셔서 예민해지는 아이들의 시기가 소중한 추억으로 자리매김하고 있는 듯합니다. 부모로서 늘 감사함을 느끼고 있습니다. 아이들에게 진정으로 필요한 교육이 무엇인지 알려주셔서 고맙습니다. 내년에도 우리 아이들과 함께해 주시면 좋겠습니다.

학생들의 인권은 올바른 가치관 형성에서부터 시작한다고 생각합니다. 학업 위주 교육 기회만 가득한 현 교육제도 안에서 선생님을 만나 아이들이 소통하고 공동체 의식을 가지고 모두! 함께! 참여하는 시간을 가질 수 있음에 너무 감사합니다. 학급이라는 공동체 안에서 개인의 권리만큼 의무도 지켜야 한다는 걸 알아 갈 수 있다는 것은 더없는 축복입니다. 분명 선생님과 함께 시간을 보낸 많은 친구들은 더불어 살아가는 건강한 세상을 만들 시민으로 성장할 것이라 믿습니다. 더 크게 성장할 수 있는 소중한 시간을 주셔서 감사합니다.

아이들이 평화적으로 관계를 맺고 뜻깊은 활동을 할 수 있도록 해 주셨습니다. 평화로운 학급. 왕따 없는 학급. 모두가 인정받는 학급을 만들어 주심에 감사드립니다. 학급 서사집도 아이들과 함께 분기별로 만들어 주셔서 감사드립니다. 학생들의 인성 교육이 중요한 시기에 선생님을 만난 것은 행운입니다.

교사로서의 나의 꿈은 따돌림 없는 학급, 폭력 없는 학급을 만드는 것이었다. 사람들은 그것이 불가능한 일이라 충고했다. 그럼에도 불구하고 희망을 잃어버리지 말자고! 함께 꿈꾸는 이들과 새 길을 내어 걷다 보니 바라던 것이 이루어지는 순간을 맞이할 수 있었다. 언뜻언뜻 보이는 파란 하늘 Epiphany처럼. 이 세상 모든 학급에 평화의 꽃이 만발하기를 간절히 소망해 본다.

# 좋은 선생님에서
# 평화를 꿈꾸는 선생님으로…

늘봄

좋은 선생님이 되고 싶었다.

나라는 사람을 만나 아이들의 삶에 조금이라도 좋은 변화가 생긴다면 그것을 보람과 기쁨으로 여기는… 그래서 누구보다 따뜻하고 친절한 교사, 사랑이 넘치는 교사가 되려고 노력했고 정말 아이들을 많이 품어 주고 사랑해 왔다. 그러나 그것이 전부는 아니었다. 아이들 개개인은 내가 주었던 사랑만큼 나를 좋아해 주고, 나와의 관계를 잘 유지하지만 그것이 학급의 폭력과 따돌림을 없애 주거나 평화로운 교실문화를 만들어 주지는 못했다.

그러던 중 나는 우연히 동료 선생님으로부터 따돌림사회연구모임을 소개받았고, 그곳에서 연구한 이론들을 배우면서 그동안 놓치고 있었던 중요한 사실을 깨달았다. 좋은 선생님이 되는 것만큼이나 중요한 것은 공동체와 더불어 살아가야만 하는 아이들에게 평화 역량을 심어 주어야 한다는 것, 바로 그것이었다. 이것을 깨달은 후 처음으로 맞이한 새 학기 나의 마음가짐은 완전히 달라졌다. 교사와 학생의 일대일의 관계보다는 학생과 학생들의 관계에 초점을 맞추고, 모두가 화목하고 평화로운 교실을 만들어 보겠다는 하나의 목표만을 향해 달리기 시작했다. 그 첫 출발은 바로 새 학기의 첫날, 첫 시간이었다.

나는 어느 인류학자가 아프리카의 한 부족 소녀들을 대상으로 진행했던 연구 이야기를 통해 아이들에게 공동체에 대한 의미를 던져 주었다. 학자는 소녀들에게 목표 지점까지 가장 먼저 뛰어오는 아이에게 바구니의 딸기를 전부 주겠다고 했다. 그러자 소녀들은 약속이라도 한 듯이 손을 잡고 다 함께 뛰어가 웃으며 딸기를 나눠 먹었다. 왜 그랬느냐고 묻는 학자의 질문에 한 소녀가 대답했다.

"나머지 다른 아이들이 슬픈데 어떻게 나만 기뻐할 수 있나요?"

이것은 '나만 좋은가? 모두가 좋은가'라는 공동체에 대한 의미를 깊이 생각해 보게 하는 이야기였다. 이 이야기를 끝낸 후 나는 아이들에게 일 년 동안 우리 반도 이 소녀들처럼, 나를 위해 다른 사람을 슬프게 하는 일을 만들지 말자고, 화목하고 평화로운 교실을 만들기 위해 함께 손잡고 뛰어가자고 했다. 또한 〈평화의 세상〉이라는 노래를 배우면서 '너의 권리, 나의 권리, 우리 권리 꽃 핀 세상'이란 가사를 마음에 새기며 서로의 권리를 지켜 주는 우리 반이 되었으면 좋겠다고 당부했다. 왜 노래에 나의 권리보다 너의 권리가 먼저 나오는지, 모두의 권리는 무엇인지 자세히 이야기 나누었다. 첫날 내가 들려준 이야기들이 기억에 남았는지 그날 일기장에 많은 아이들이 소감을 남기기도 하였다.

새 학기의 첫날 이야기를 통해 공동체의 의미를 생각해 보게 하니 둘째 날 평화규칙을 정하는 데 접근하기가 한결 쉬웠다. 아이들은 '나만 좋은가? 모두가 좋은가?'라는 한 가지 기준 안에서 학급생활에 필요한 약속과 수업 시간에 지켜야 할 행동들에 대해 많은 이야기들을 쏟아 내었다. 그리고 수업 시간에 떠드는 행동은 친구들과 선생님을 힘들게 하는 것이고, 심한 장난을 치거나 욕을 사용하는 것도 결국은 다른 친구들을 위축시킬 수 있는 행동이라는 것까지 이끌어 낼 수 있었다.

아이들과 평화규칙을 정하고 나서 가장 좋았던 점은 그 이후에 수업 시간에 떠들거나 끼어드는 아이들을 지도하기가 훨씬 더 좋아졌다는 것이다. 수업 시간에 떠들거나 딴짓을 하거나 선생님의 말을 자르고 끼어드는 행동은 다른 학생들의 공부할 권리와 선생님의 가르칠 권리를 침해하는 행동이라고 설명해 주었던 것이 무척 효과적이었다. 교실 앞에 게시되어 있는 우리 반 평화규칙을 손으로 가리키기만 해도 떠들거나 장난치던 아이들은 금세 수긍을 하며 수업에 집중하려고 노력하는 모습을 보였다. 또한 평화규칙에 대한 꾸준한 점검은 수업 시간에 튀는 행동을 해서 친구들에게 인정받으려고 하는 일부 학생들의 잘못된 욕구를 바로잡는 데에도 큰 도움이 되었다.

셋째 날 '물, 불, 흙, 공기로 자기소개하기'는 학생들끼리 서로를 오해와 편견 없이 바라보게 할 뿐 아니라 자기 자신을 깊이 있게 들여다볼 수 있는 좋은 계기가 되었다. 그리고 특별히 안내하지 않아도 학생들의 시에는 평화로운 교실, 평화로운 세상을 만들기 위해 나는 어떤 사람이 되고 싶은지에 대한 바람까지 들어가 있었다. 또한 소개서 안에 나타난 아이들의 그림이나 시는 추후 교육 상담이 필요할 때 그 아이의 성격과 마음속의 생각들을 헤아려 보는 중요한 자료가 되었다. 아래는 물, 불, 흙, 공기로 자기소개를 했던 6학년 학생들의 예시 작품이다.

### 공기
○○○

나는 시간이 갈수록 날 잘 모르겠다.
하지만 모든 사람들에게 필요한
공기 같은 존재가 되고 싶다.
가끔은 곁에 있는 것이 당연해져서
나에 대한 고마움을 잊더라도
끝까지 옆에서 도움을 주는
그러한 공기가 되고 싶다.
내가 잊혀지는 것이 두려워서가 아니라
나로 인해 인생을 살아갈 수 있는
그런 존재가 되고 싶다.
한편으론 도움을 받지 못해
외로울 수도 있다.
하지만 그럴수록 나 자신에 대한
신뢰를 굳혀 갈 수 있을 거라 믿는다.
눈에는 보이지 않지만
항상 인생에 필요한 존재이고
옆에서 계속 있어 주며
삶에 동기부여가 될 수 있는
공기 같은 사람이 되면 좋겠다.

### 물
○○○

나는 물이다.
수도꼭지를 틀면 흘러나오는 물을
잡을 수 없는 것처럼
어떠한 말과 행동으로
잡을 수 없는 돌이킬 수 없는
실수를 하고 만다.
강물이 모이지 않고 계속
흘러가는 것처럼
어느 하나를 오래하지 못하고
계속 옮겨 다닌다.
긴 컵이나 납작한 접시
그 어떤 것에 들어가도
모양을 자유자재로 바꾸는 물처럼
그 어떤 것이든 적응하며
잘해 내고 싶다.
물인 듯, 물 아닌, 물 같은
사람이 되고 싶다.

셋째 날 '물, 불, 흙, 공기로 자기소개하기' 발표를 모두 끝내고 나자 학생들은 서로에 대한 편견을 버리고 조금씩 마음을 열기 시작했다. 그리고 이어서 '친구 이름 선물하기' 활동을 진행할 땐 훨씬 더 밝아진 아이들의 모습을 볼 수 있었다. 내 이름을 누군가가 정성스럽게 쓰고, 예쁘게 꾸며 주고, 불러 주고, 내 공책에 붙여 주는 것을 경험해 본 적이 없는 아이들은 활동 내내 너무도 행복해했다. 친구들이 선물한 이름 스티커가 붙여진 공책을 학년이 끝날 때까지 소중히 여기며 아끼는 아이들의 모습에 나도 흐뭇함을 느꼈다.

〈우정의 나무〉라는 노래는 아이들이 무척이나 좋아하는 노래 중 하나였다. 멜로디도 예쁘고 가사도 아이들의 마음에 잘 와닿기 때문이었다. 이 노래를 배우고 나서 학기 말에 한 아이가 썼던 시를 소개한다.

우정의 나무

○○○

얼굴만 봐도 웃음이 나는 우리
우리가 노래하고 함께 자라나는 사이
우정의 나무가 뻗어 났다.
지배하지 않고 억울하지 않고
서로가 편안해진 우리 사이에는
벌써 우정의 나무가 깊게 자리 잡았다.
신뢰를 신뢰로 갚고

지킬 건 지켜 주는 우리들에게
우정의 나무가 자라났다.
서로 위로하고 격려해 주는 우리에게
우정의 나무가 곧게 뻗어 났다.


새 학기 첫날, 나는 아이들이 모두 오기 전에 책상 위에 선물로 공책 한 권과 사탕을 올려 두었다. 그리고 그 공책에는 앞으로 자기우정을 쌓아 가기 위해 필요한 '나-나 대화'를 적도록 하였다. 내가 나를 먼저 인정해 주고 칭찬해 주고 위로해 주고 격려해 주는 경험은 교사인 나조차도 그동안 제대로 배운 적도 해 본 적도 없었다. 하지만 아이들을 가르치면서 이것이 얼마나 중요하고 꼭 필요한 것인지 시간이 갈수록 더 깊이 깨닫게 된다. 다른 친구와 관계가 원만하지 못한 학생들은 자기 자신에 대한 부정적인 감정이 이미 마음 깊이 자리 잡고 있음을 볼 수 있었기 때문이다. 자기우정에 대한 어려운 개념들을 다 알지 못하더라도 학생들이 '나-나 대화'를 열어 가는 것은 가능했다. 자기우정 공책에 그날 있었던 일을 되돌아보며 일기 대신 자기가 자기에게 하고 싶은 말을 적게 했더니 일기에 대한 부담도 줄이고, 더 진솔하게 자신과의 대화를 나누는 모습을 볼 수 있었다.

## 바다가 바다에게

바다야, 나 바다야. 내가 나에게 쓰는 편지라서 어색하지만 이 편지를 통해서 너 자신을 돌아봤으면 좋겠어.

일단 전체적으로 봤을 때 한 학기를 잘 보낸 것 같아. 회장으로서 친구들에게 친절하게 대해 주었고 수업에도 열심히 참여한 것 같아. 특히 '사회 발표'나 '국어 낱말실태조사'를 열심히 한 것 같아. 이 외에도 전체적으로 봤을 때 열심히 한 흔적이 여러 군데에서 보이는데 앞으로도 그런 열정적인 마음을 간직하렴.

물론, 잘한 것만 있지는 않아. 조금만 집중하지 못해도 무슨 말인지 이해하기 힘든 게 공부니까 앞으로는 수업 시간에 더욱더 집중하자. 수업 시간에 대체적으로 집중했지만 짝꿍과 떠들어서 수업에 항상 귀 기울이지는 못한 점, 또한 발표하는 횟수도 늘려서 자신감도 키우고 너의 능력도 펼쳐 봐. 이제 내가 더 발전하기 위해서 어떻게 해야 할지 마음속에 되새겨 보자. 친구들과는 화목한 사이를 유지하고 수업도 열심히 들어서 나 자신을 발전시키자.

마지막으로는 너를 키워 주시고 언제나 너를 위해 주시는 부모님께 감사하면서도 죄송한 마음을 전해 보자. 요즘 부모님이 너를 위해 좋은 말씀을 많이 해 주시는데 귀담아듣지도 않고 너의 입장에서만 생각하는 것 같아. 그러니 앞으로는 부모님이 너를 위해 해 주시는 이야기는 귀담아듣고 부모님도 이해해 드려서 효자가 되도록 하자. 솔직히 부모님의 말씀을 듣다 보면 이해도 되지 않고 이걸 왜 듣고 있는지 생각이 들 거야. 하지만 살아가는 데 언젠가는 도움이 되는 말이기 때문에 귀담아들어서 부모님께 효도도 하고 세상의 이치를 되새기는 계기가 되도록 해. 그럼 안녕.

이 외에도 아이들의 뒷담화와 욕설, 채팅방에서 일어나는 사이버 폭력 등을 줄여 보고자 진행했던 화목화행 교육, 아이들 간에 큰 싸움이 있을 때마다 가졌던 진실과 화해의 시간, 우리 반 모두가 한마음으로 함께 즐겼던 화목놀이 등도 우리 학급의 평화를 만드는 데 중요한 학습 활동이 되었다. 일 년 동안 평화로운 교실을 만들겠다는 확고한 의지를 가지고 그것을 향해 꾸준히 달리다 보니 어느새 아이들 안에는 '평화'라는 두 단어와 '우린 모두 함께'라는 생각이 깊이 각인되어 있음을 알 수 있었다.

마지막으로 일 년 동안 평화를 향해 함께 손잡고 뛰었던 우리 반 아이들이 학급 서사집에 쓴 시 몇 편을 더 소개하면서 이 글을 마치려고 한다. 평화로운 학급을 만들기 위해 오늘도 교실에서 아이들과 고군분투하시는 모든 선생님들께 진심 어린 위로와 격려의 마음을 전해 드리고 싶다.

## 다 쓴 지우개

○○○

뒷담화는 지우개
쓰면 쓸수록 없어지고
더러워지는 지우개처럼

우리의 말로
친구를 더럽히는 뒷담화

하지만
다 쓴 지우개처럼

결국은
다른 지우개가 필요하겠지

어쩌면 다음은…
다음 지우개는 '너'

## 말의 힘

○○○

내가 내뱉은 말이
다른 이에겐 상처로 떠돈다.

내가 내뱉은 말이
다른 이에겐 희망이 되어 떠돈다.

내가 내뱉은 말이
모두 모여 강한 힘이 되어 떠돈다.

우리가 내뱉은 모든 말들이
서로의 기억 속에 떠돈다.

## 우리 반

○ ○ ○

케이크에 설탕만 있다면?
아마 너무 달겠지

케이크에 치즈만 들어갔다면?
너무 느끼할걸.

여러 가지 재료들이 모두 들어가야
맛있는 케이크가 되듯이

우리 반 한 명 한 명
모두가 있어야 행복한 반이 돼.

케이크 재료 하나하나가 소중하듯이
우리 반 한 명 한 명 모두 소중해

## 숨겨진 비밀

○ ○ ○

조개 속 숨겨진 진주처럼
우리 반에 숨겨진
우리 반만의 비밀
서로를 존중하고
배려하는 비밀, 하나
싸움 없이 지켜지는
우리 반만의 비밀, 둘
물의 표면장력처럼
한번 잡은 친구의 손은
끈끈히 놓지 않는
우리 반만의 비밀, 셋
마지막 비밀은,
언제나 지켜지는
행복과 아름다움
우리 반만의 비밀은
권리, 평화, 우정, 화목

# 자기우정과 우정을
## 키우는 교실

**새벽하늘**

요리를 못하는 나의 책장엔 요리책이 여러 권 있다. '와인 통삼겹구이'를 열심히 읽고 김치찌개를 하고, '전복 탕수육'을 달달 외우고 된장찌개를 한다. 퇴근 후 저녁이 되면 새로운 것을 만들 여력이 없다. 때문에 늘 하던 것, 편한 것을 택하게 되는 것 같다.

나의 교실도 마찬가지였다. 방학 내내 교실 평화를 위한 다양한 방법을 숙지하고 도전하고자 마음을 다잡지만 개학 첫날, 여러 가지 일로 마음이 분주해지면 또 똑같은 학습지를 내놓는다. "나누어 준 설문지에 조용히 답하고 있어요." 그 설문지도 동학년 교사에게 얻어 온 것이다. 이렇게 어영부영 편하고 쉬운 것들로 시작되는 나의 교실… 이젠 좀 달라지고 싶었다.

평화 혁명의 첫날, 나는 권평화우를 선포했다. 독일을 동과 서로 나누던 베를린 장벽이 무너진 진짜 이유는 잘못된 인터뷰 때문이었다고 한다. 아직 준비가 되지 않았기 때문에 잠정적으로 시행하려던 출국 자유화는 샤보브스키의 즉각 실시된다는 잘못된 말을 속보로 전하면서 갑작스럽게 이루어졌다. 이미 선포된 말은 뒤로 물러설 수 없는 상황을 만들어 냈다. 그 말에 흥분한 사람들이 이미 장벽을 올라가 허물기 시작했기 때문이다. 준비된 다음에, 상황이 좋을 때를 기다려 무언가 해 보자는 나의 계획은 언제나 현실에 부딪혀 왔다. 이번에는 '그래, 일단 저지르자. 그리고 배우면서 해 보자'는 마음으로 첫날 아이들에게 말했다.

"우리는 1년의 교육과정을 통해서 권리, 평화, 화목, 우정이라는 보석을 얻어 갈 거예요. 그 보석들은 여러분의 마음속에 새겨져서 평생 힘이 될 것입니다. 전래동화 중에 여우누이라고 아시나요? 주인공이 위험할 때마다 빨간색 호리병, 파란색 호리병을 던져서 위험에서 벗어나는 이야기지요. 여러분이 살아가는 동안에 권평화우의 보석들은 여러분을 평화롭게 살 수 있도록 도와줄 것입니다. 그 보석들은 우리 반을 화목한 반이 되도록 할 거예요."

이렇게 당당하게 말하는 나의 큰 그림을 보고 아이들은 기대하는 눈빛이었고, 그 눈빛은 나를 움직였다.

사실 교육과정 재구성이 제대로 된 상태도 아니었다. 교육과정 재구성이란 나에게 언제나 커다란 숙제와 같았다. 학년 선생님들과 뜻이 맞는 해에는 제대로 된 교육과정을 만들고 운영하면서 가르치는 기쁨과 보람을 느끼기도 했다. 그러나 그것은 굉장한 에너지가 필요했고, 올해는 그냥 가자라는 마음으로 다른 사람이 만들어 준 교육과정으로 지내는 것이 대부분이었다. 나는 성격 유형 중 매우 즉흥적인 유형에 속한다. 그러다 보니 창의적인 아이디어가 팍팍 솟아나는 장점과 미리 계획하는 것이 버거운 단점이 있다. 이런 성격적 특성을 감안하며 나는 스스로를 격려했다. "큰 그림이 그려지지 않는다고 모두를 포기하지 말자. 할 수 있어." 나는 교육과정 내에 통합하기도 했지만 어느 때는 아침 시간과 창체 시간, 국어 시간, 쉬는 시간을 이용하여 평화교육을 실천하였다.

나는 그간 자기우정교육을 실천해 왔었고 이를 통해 변화된 학생들을 보았기 때문에 넷째 날만큼은 자신이 있었다. 그러나 그 자신감은 2학년 학생들의 천진난만한 질문 앞에 무너졌다. "이거 어떻게 하는지 모르겠어요? 인생그래프가 뭐예요? 나는 2학년뿐이 기억이 안 나는데 어떻게 해요?" 나는 하려고 했던 〈내가 걸어온 길〉 학습지를 다시 거두었다. 그 후, 자기우정을 저학년에게 가르치는 것이 가능한가? 의심하면서 어린 학생들에게 효과적인 학습 방법을 고민해 보았다. 자기우정 진단 설문지나 인생그래프 등은 너무 어려웠다. 하지만 이야기는 가능했다. 특히 짧은 시간 집중하는 학생들에게 우화는 매우 좋은 자료였다. 자기우정 하나하나에 따른 마땅한 우화가 없어서 찾기도 하고 스스로 이야기를 지어내기도 하며 지금도 계속적인 우화 발굴 및 창작에 힘을 쓰고 있다.

나는 매일매일 간단한 우화를 통해서 자기우정의 개념을 익히고 자기대화를 하도록 지도하였다. 칠판 앞에 20가지 자기우정카드를 붙여 놓고 매일 한 가지씩 의식하고 실천할 수 있도록 했다. 나는 학생들에게 안네가 자신의 일기장과 친구가 되어 두렵고 고통스러운 시간을 견디었다는 것을 말해 주었다. 바로 안네 그 자신이기도 했던 일기장과의 대화는 자기대화이다. 나는 학생들도 자기대화를 할 수 있도록 일기 대신 자기에게 편지를 쓰도록 했다.

위의 이야기는 누구나 할 수 있는 말이다. 그러나 스스로에게 하는 사람들은 많지 않을 것이다. 2학년 학생들을 자기대화장을 통해 자기 자신과 이러한 이야기를 나누었다. 교사나 학부모는 학생들이 동생과 싸우는지, 오빠를 먼저 때리는지, 커닝을 하는지 모르기 때문에 이러한 말들을 결코 해 줄 수 없다. 우리 반 학생들의 자기대화 속에는 자기위로, 자기신뢰, 자기격려, 자기개방 등 자기우정 요소가 가득했다.

할머니랑 사는 성아는 오늘 받아쓰기 100점을 받았다. 늘 50점 이하를 받아 속상했는데 자기돌봄(자기의 부족함을 스스로 채우기)을 했다고 한다. 나는 칠판에 붙어 있는 자기돌봄 자석 카드 위에 성아의 이름을 붙여 놓았다. 하늘은 스스로 돕는 자를 돕는다. 성아는 비록 부모님이 안 계시지만 스스로를 돌보며 하늘의 복을 열어 갈 것이다.

일곱 살에 따돌림받았던 것을 잊지 못하던 지영이는 그때의 이야기를 글로 적어 나에게 보냈다. 자기는 친구가 없고 왕따라고 매일매일 적어 보내왔다. 친구들이 지영이와 놀려고 찾아가도 항상 글을 쓰고 있기 때문에 놀 수가 없었다. 나는 지영의 이야기를 한 학기 동안 계속 들어 주고 답장을 주고받았다. 그리고 2학기에는 자기애도(슬픈 기억을 딛고 다시 일어서기)카드를 선물로 주었다. 지영이는 이제 글을 쓰지 않고 자기처럼 혼자 노는 친구와 놀아 주기로 했다.

남의 물건을 훔치거나 커닝을 한 친구는 자기비판(자신의 잘못된 행동을 살피기)을 하였다. 이렇게 자기우정을 키워 가는 학생들은 친구들을 향해 믿음직한 우정의 손을 내밀고 있다.

수업 개방을 하는 날이었다. 까만 달걀이라는 이야기로 수업을 진행하는 중에 따돌림당하는 주인공에게 하고 싶은 말을 해 보라고 했다.

"아무도 위로를 안 해 주면 내가 자기위로를 해 봐. 계속 울지 말고 웃긴 생각을 해 봐. 그게 자기해학이야. 참고 인내한다면 언제가는 싱구도 네 맘을 알 기야."

2학년 학생들의 입에서 나온 단어들을 들으면서 나도 놀라고, 참관 온 선생님들도 놀랐다. 자기우정의 덕목은 교실에서 자연스럽게 사용되는 단어가 되었고, 공동으로 추구하는 가치가 되었다.

유태인 학살 당시, 목숨을 걸고 유태인을 숨겨 주었던 사람들에게 왜 그랬는지 물었다고 한다. 그들은 학교에서, 가정에서, 누군가에게 그렇게 하는 것이 옳다고 배웠다고 말했다. 평화로운 공동체를 위해서 나 자신과 우정을 나누고, 타인과 우정을 나누는 이러한 교육은 작은 교실의 그저 소소한 이야기인 듯 보인다. 그러나 이렇게 자란 학생들이 사회 곳곳에서 화목인으로서 그 역할을 다할 때, 폭력적인 사회는 순화되고 화목해질 것이다.

# 교실 평화를 위한 실천,
## 든든한 지지대가 되어 주다

나롱샘

교사는 1년 단위로 새로운 학생, 동료와 만나게 된다. 교사라는 직업을 선택한 나는 새 학기가 다가올 때마다 두근두근 설레기도 했지만 걱정도 많았다. 선배 교사들과 이야기도 나눠 보고 인터넷에서 자료를 찾다 보면 여러 생각들이 꼬리에 꼬리를 물었다. '첫 만남을 어떻게 해야 할까?', '3월 한 달을 어떻게 보내느냐에 따라 1년이 달라진다는데…', '고학년을 맡으면 절대 웃어 주면 안 된다고?' 이런저런 생각으로 나름의 계획을 세워 보지만 막상 3월이 시작되면 정신없이 자리배치와 자기소개를 마치고 둘째 날부터는 새 학기 업무에 치이기 마련이었다. 교과 진도를 나가다 보면 어느새 하루하루 쫓기며 보내게 되었다.

7년 차 어느 날, 동료 선생님의 소개로 따돌림사회연구모임을 알게 되었고 새로운 관점에서 학급운영을 바라볼 수 있었다. 나는 자석에 이끌리듯 따돌림사회연구모임의 연구 내용을 배워 나가기 시작했다. 처음엔 하나를 배워 하나를 적용해 보는 방식으로 했다. 그러다 새 학기에 필요한 활동들을 선생님들과 함께 집중적으로 적용하면서 10일간의 기록을 정리해 나가게 되었다.

평화로운 교실을 위한 새 학기 학습 활동을 적용해 보면서 좋았던 점은 학기 초의 조심스럽고 긴장된 학급 분위기로 인해 학습 집중도가 높았던 것이다. 그러다 보니 교육적인 효과도 학기 중에 투입하는 것보다 훨씬 크게 다가왔다. 첫날이 가장 중요했다. 교실 평화에 대한 동의를 끌어내고 모두의 공동 목표로 삼아 함께 나아가자는 의지를 심어 주는 날이기 때문이었다. 나는 첫날 담임의 교육관을 설명하고 교사 수준 교육과정에 대해 안내하였다. 진지한 분위기를 이어 설문지 작성하는 시간으로 연결하였다. 이 시기 학생들의 설문 통계를 내 보면 대부분 교사가 원하는 방향으로 답변이 나왔다. 이 설문 결과를 통해 학급 대다수 학생들의 바람을 확인함으로써 평화에 대한 집단 여론을 형성해 나갈 수 있었다. 또한 담임에게 힘을 주는 공감그룹의 학생들을 수면 위로 올려 주는 역할을 할 수 있었다. 센 척하는 아이들이 영향력을 갖기보다는 공감그룹 학생들이 영향력을 가질 때 학급 분위기를 평화롭게 화목하게 이끌어 갈 수 있었다. 교사는 학생들의 설문 결과를 유의미하게 활용해 나가는 것이 중요했다.

10일마다 이름을 달아 놓았기에 학생들은 "오늘은 무슨 날이에요?"라며 궁금해하고 관심을 많이 가졌다. 권리의 날 학급규칙 정하기도 매우 중요한 시간이었다. 규칙을 정하는 것으로 끝내는 것이 아니라 학급 환경 판에 잘 보이도록 게시하고 학급에 정착될 때까지 자주 확인하는 것이 중요했다.

나는 첫날 학생들에게 노트 한 권을 선물하였다. 노트에 1년 동안 각자 글쓰기를 하고 그것을 학급 구성원이 함께 교류해 나가면 좋겠다고 제안했다. 3일 차 만남의 날, 친구들 이름을 쓰게 한 뒤 서로 나누어 노트 뒤표지에 붙이게 했다. 학생들이 노트에 기록해 나간 내용들은 '친구 책 빌려 읽기' 활동으로 수시로 개방하게 하여 서로의 생각을 나누는 장으로 활용했다. 아이들은 때때로 이름표 스티커들을 보며 학기 초를 떠올리곤 하였다. 학기 말이 되어 다 쓴 교과서는 버려도 노트는 소중히 여기는 아이들의 모습을 보며 뿌듯함을 느꼈다.

새 학기에 〈말의 힘〉 노래를 배우고 대화극을 고쳐 보는 활동을 시작으로 나는 꾸준히 화목화행 교육을 투입하고 심화해 나갔다. 대화극은 실생활 속 대화 장면을 포착하여 대본을 만들었기 때문에 집중도와 흥미도가 높은 편이었다. 학기 초부터 말투가 거칠고 친구들을 함부로 대하던 한 학생이 어느새 "00야, 미안한데 들어오면서 문 좀 닫아 줘."라며 정중하게 부탁하는 모습으로 변화되어 있었다. 화목화행 교육을 통해 학생들의 언어 습관을 완전히 제어할 수는 없지만 교육적 효과를 충분히 느낄 수 있었다.

뒷담화 예방 교육 후 쓴 시

## 화살과 표적

○○○

친구라는 표적에
슬쩍 던져 본 화살
"뒷담화"

표적이 된 친구는
화살투성이, 상처투성이
뒷담화로 가득 찼다

다음 표적은 내가 될까
두려워서 계속 던지는
뒷담화살

어쩌면, 어쩌면
다음 표적은
"나"

화목놀이 후 '평화로운 학급'을 주제로 쓴 글

○○○

우리 반은 지금도 충분히 평화롭고 친구들끼리 잘 지내고 있으며 모두가 착하고 인성이 바른 것 같다. 나도 친구들을 따라 착하고 인성이 바르며 평화로운 학급을 유지, 발전시키기 위해 노력을 해야겠다고 느꼈다.

○○○

평: 평화롭고
화: 화목하고
로: 로(오)순도순 잘 지내는 우리 반
운: ○○초등학교에서 가장 좋은
학: 학급! 서로서로
급: 급하게 재촉하지 않고 기다려 주는 우리
　　반이 되자!

각각의 활동으로 끝나는 것이 아니라 소감문을 써서 발표하고 게시하는 등 활발한 교류 활동으로 이어지게 하는 것이 중요했다. 화목화행의 날 뒷담화에 대한 예방 교육이나 화목의 날 화목놀이를 한 후에는 학생들에게 시를 써 보게 하였다. 학생들은 시를 통해 서로를 알아 가고, 새로운 생각을 접해 나갈 수 있었다.

진실과 화해의 날은 1년간 학급운영을 하며 가장 많은 역할을 한 시간이었다. 학급 내에 크고 작은 일이 발생했을 때 그것이 사소한 일일지라도 진실과 화해의 날의 원칙과 절차대로 진행하다 보면 문제는 수월하게 해결되었다. 고학년 남학생들은 체육 시간이나 점심시간에 함께 운동을 하다가 싸우고 오는 일이 잦았다. 이때 학급 놀이약속을 정하고, 경기 규칙도 자세히 공유하면서 학생들이 평등한 관계를 맺어 나갈 수 있도록 했다.

어느 날, 체육 시간에 친구들에게 비난을 받은 학생이 전담 시간이 끝나자마자 울면서 반에 올라왔다. 나는 진실과 화해의 시간을 열어 놀이약속에서 잘 안 지켜졌던 부분을 이야기해 보고 사과와 다짐의 시간을 가졌다. 소감을 나눌 때 한 학생이 했던 말이 기억에 남는다.

"이 문제는 사실 올해 와서만 생긴 문제는 아니었어요. 그동안 여러 학년을 거쳐 오면서 매번 특히 우리끼리 피구를 할 때는 몇몇 잘하는 학생들이 주도하고, 패스를 강요하고 못하면 비난하는 분위기였고 약한 학생들은 어쩔 수 없이 따르는 분위기일 때가 많았어요. 그러면서 보이지 않는 피라미드 구조가 생기게 되고 그 피라미드의 아래에 있는 학생들은 속마음은 덤벼 보고도 싶고 깨뜨리고도 싶지만 이렇게 살아온 게 익숙하기도 하고 깨뜨리려다가 왕따가 되거나 더 큰 싸움에 휘말릴까 봐 그냥 참고 넘어온 일들도 많았거든요. 그런데 선생님이 이런 자리를 종종 마련해 주셔서 피라미드 윗부분이 아래로 내려와 평등해진 것 같아요. 제가 친구들에게 하고 싶은 말은 우리 서로 노력해서 모두 다 같이 평등한 직사각형이 되면 좋겠다는 거예요."

이 말이 끝나자마자 이야기를 듣던 아이들이 박수를 치기 시작했다. 평소 운동을 잘하지만 잘난 척하지 않고, 친구들을 중재해 왔던 아이였기에 진심이 전해진 것이었다. 진실과 화해 시간은 다행히 감동적으로 마무리되었다.

교권이 무너지고 교실 붕괴가 일어나는 교육 현실 속에서 분명 제도적인 장치가 마련되어야 했지만 그렇다고 현실만 탓할 수는 없었다. 새 학기 학습 활동은 그런 의미에서 나에게 지지대 역할을 해 주었다. 든든한 기반 위에서 권리, 평화, 화목, 우정 교육의 가지들을 풍성하게 키워 나갈 수 있었다.

# 우리 반이 화목해지는 지름길,
# 화목놀이

해밀

어릴 적부터 놀이를 좋아했고 교사가 된 후에도 놀이에 관심이 많았던 나는 수업놀이, 틈새놀이, 교실놀이, 운동장 놀이 등을 학생들에게 꾸준히 적용했었다. 수업하는 데 재미와 활기를 불어넣어 주며, 학생들의 환한 웃음과 생기를 볼 수 있어서 좋았다. 놀이를 자주 한 덕분에 나와 아이들과의 관계가 좋아지는 것도 느꼈다.

하지만 교실놀이를 하다 보면 생각지도 못한 부분에서 난관에 부딪히곤 했다. 몇 년 전 1학년을 맡았을 때이다. 모둠별로 긴 줄넘기 대회를 했다. 그날은 한 달여 동안 모둠끼리 서로 도와 가며 함께 연습해 온 과정을 보상해 주기 위해 평상시보다 상품에 더 신경을 썼다. 아이들은 상품을 보자 평소보다 더 눈빛을 반짝이며 이기겠다는 강한 의지를 보였다. 우리 반에 남달리 똑똑했던 현수는 자기 모둠이 상품을 못 받게 되자 소리를 지르고 눈물을 뚝뚝 흘리며 울었다. 예전에도 이런 경우가 몇 번 있던 터라 그때는 나도 화를 참지 못하고 그 아이한테 소리를 지르고 말았다. "넌 앞으로 놀이하지 마!" 그렇게 화를 낸 후 며칠 내내 찜찜했다. '저 아이는 왜 저렇게 지는 것을 참지 못할까?'

서로 제일 친하게 지내는 영찬이와 주영이는 점심시간에 운동장에 나갔다 오기만 하면 얼굴이 붉으락푸르락하여 내게로 달려와 서로 이르기 바빴다. 하루 이틀도 아니고 매번 그러니 나도 스트레스를 받았다. 그렇게 싸울 거면 둘이 놀지 말라고 해도 기어이 또 둘이서 나간다. 그러고는 또 싸운다. 결국엔 학부모 전화까지 받았다. 영찬이가 주영이에게 매일 당하는 것 같다고… 무엇이 문제일까? 분명 둘은 서로 좋아한다. 놀이 취향도 서로 같다. 그렇다면 누군가 한 명이 힘의 우위에 있고 놀이를 하면서 자신 마음대로 하는 것이다.

놀이가 재미를 주고 서로 친해지는 데 가장 좋은 방법인 반면에 싸우게 되는 가장 큰 원인이 되기도 한다. 어떻게 하면 즐겁고 화목한 장면을 놀이를 통해 이루어 낼 수 있을까? 여러 가지 놀이 장면에서 풀리지 않는 고민들을 해결하지 못한 채 임시방편으로 대충 넘어가곤 했다.

따돌림사회연구모임에 들어와서 화목놀이란 말을 처음 접했다. 협동놀이는 들어 봤는데 화목놀이는 생소했다. 말 그대로 놀이를 통해 모두가 화목해지는 것이다. 특히 교실에서 이루어지는 화목놀이의 목적은 학급의 화합과 화목에 있다. 그동안 나의 놀이의 초점은 아이들의 재미였다. 그런데 내가 간과했던 부분이 있었다. 어느 학급이든 인지 능력이나 신체 능력 차이로 인해 놀이에서 소외되거나 맘껏 즐기지 못하는 아이들이 생긴다는 것이다. 공부도 지적인 능력에 따라 줄 세우기를 하는데 놀이조차도 서열 매기기가 된다는 것을 새삼 깨닫게 되었다. 놀이할 때의 지켜야 할 약속이 합의되지 않고, 그것을 지키려는 태도가 갖추어지지 않은 상태에서 아이들끼리 자유롭게 놀기를 기대하는 것은 교육이 아닌 방치와 무질서로 이어질 수 있다.

화목놀이의 필요성을 깨닫고 화목놀이를 계획하려 했으나 화목놀이를 새롭게 만들어야 한다는 생각에 어렵고 막막하기만 했다. 창의성이 부족한 사람이라 새로운 것을 만든다는 것에 부담이 컸다. 그래서 처음엔 아무것도 만들지 못했다. 그러다 동료장학 공개 수업을 화목놀이 수업으로 준비하면서 화목놀이에 대한 개념을 정리해 나갈 수 있었다. 새로운 놀이를 만들면 좋겠지만 처음 시작할 때는 화목놀이의 조건을 확인해 가며 기존의 놀이를 조금만 바꾸어도 그 차이는 크다는 것을 깨닫게 되었다.

놀이를 투입하기 전에 나의 첫 번째 질문은 '모두가 즐겁게 참여할 수 있는 놀이인가?'이다. 모두가 즐겁게 참여할 수 없다면 무엇이 문제인지, 그것을 어떻게 바꾸면 좋을지 차근차근 고민하기 시작했다. 이해력과 판단력, 순발력과 같은 지적, 신체적 차이가 놀이의 주가 되지 않고, 누구나 부담 없이 놀이에 참여하면서 인간관계까지 확장해 나갈 수 있는 놀이라면 그 어떤 활동보다 훌륭한 평화교육이 될 수 있을 것이라 생각했다.

화목놀이를 알게 된 후 담임을 맡게 되었다. 우리 반에는 경계성 지능 장애를 가진 현주라는 학생이 있었다. 현주가 유일하게 참여하는 놀이는 피구였다. 다른 놀이는 무조건 하지 않으려고 했다. 본인 스스로 어떤 놀이든 자기에게는 어렵고 어차피 질 거라는 정도는 알고 있었기 때문이다. 그래서 가위바위보를 이용한 놀이, 휴지 던지기, 제비뽑기 등 결과가 운에 따르는 놀이를 많이 시도했었다. 그러자 현주도 큰 부담 없이 즐길 수 있었고, 이기는 경우에는 친구들의 응원과 환호를 받을 수 있는 절호의 기회가 되기도 했다. 수업 시간에 늘 친구들 눈치를 보며 주눅 들어 있는 현주를 볼 때마다 마음이 좋지 않았는데 아이들이 한목소리로 현주를 응원하고 바라봐 주는 것만으로도 작은 감동이 밀려왔다. 혹여 지더라도 능력의 차이가 아니기 때문에 친구들은 아쉽기는 하지만 비난을 할 수는 없었다.

같은 해 날씨가 쌀쌀해지기 시작한 11월 어느 날 운동장 놀이로 발야구를 하기로 했다. 팀을 결정할 때부터 어떻게 하면 공평하게 팀을 정할 수 있을지 의견을 나누었다. 이미 아이들은 서로의 발야구 실력을 어느 정도 알고 있었고 서로 의견을 나누며 실력이 고루 분배될 수 있도록 조정했다. 그중 한 아이가 발야구를 잘하고 자신과 친한 친구를 자기편으로 만들기 위해 목소리를 크게 내며 센 척을 했다. 하지만 아무도 그 의견을 받아들여 주지 않자 스스로 조용해졌다. 그때 일 년 동안 평화로운 학급을 위해 해 왔던 노력의 결과인 것 같아 뿌듯하고 보람을 느꼈다. 수업에서 놀이할 때 이런 과정을 거치다 보면 평소에 아이들끼리 놀이할 때도 이러한 수순을 밟을 것이다.

올해 나는 1학년을 가르치고 있다. 1학년 아이들은 승부욕이 무척 강하다. 때때로 교사들은 아이들의 승부욕에 부담을 느끼곤 한다. 그러나 승부욕 자체가 나쁘다고 말할 수는 없을 것이다. 승부욕이 있어야 놀이에 이기기 위해 최선을 다할 것이고 목이 쉬도록 하는 응원또한 이기고 싶은 마음이기 때문이다. 하지만 놀이 결과로 인해 재미

있게 놀이했던 과정들이 무산되면 안 될 것이다. 그래서 놀이 시작 전에는 늘 놀이약속을 확인하고 놀이의 목적은 우리 반의 화목에 있음을 상기시킨다.

놀이에서 지고 표정이 안 좋은 친구에게 다가가 "재미있게 놀았으면 됐지."라고 말해 주는 아이들의 모습을 보면서 흐뭇한 마음이 든다. 학년 말쯤 되니 이제는 놀이에서 져도 누구를 비난하지 않는다. 놀이에서 졌을 때 밀려오는 실망감은 자연스러운 것이다. 다만 놀이의 목적이 무엇인지 안다면 실망감은 쉽게 넘기고 또 다른 놀이 장면으로 들어갈 수 있을 것이다.

요즘 스마트폰에 눈을 떼지 못하는 우리 아이들을 보면 안타까울 때가 많다. 한참 놀이를 통해 친구를 만나고 교류해야 할 시기에 단순한 재미에 빠져 헤어 나오지 못하는 모습을 보면 걱정이 된다. 그런 모습을 아이들만의 탓으로 돌리기도 어렵다. 생각해 보면 아이들이 놀 만한 놀이의 부재일 수 있고 놀 시간이 없는 것도 이유가 될 것이다.

누구든 쉽게 어울릴 수 있는 놀이, 놀이를 통해 공동체의 화합과 화목을 도모할 수 있는 놀이가 시급하다. 나 역시 이제 막 화목놀이의 개념을 정립했을 뿐이다. 앞으로 화목놀이에 좀 더 관심을 갖고 더 많은 연구 성과를 만들어 나가고 싶다.

# 진실과 화해의 시간

손톱달

　나이만 많고 경력은 터무니없이 짧은 나에게 신학기를 준비하는 최고의 무기는 짙은 눈 화장과 칼같이 차려 입은 정장 그리고 쌀쌀맞아 보이는 첫인상이었다. 아이들에게 만만하게 보이면 기 싸움하다 질질 끌려가는 학급운영을 할 수도 있으니까. 크고 작은 문제들은 있었지만 그동안 그럭저럭 학급운영을 해 왔기에 나름대로 효과적인 무기라고 생각했고 학기 초를 잘 꾸려 나갔구나 만족하기도 했다.

　그러다 아주 된통 힘든 경험을 했다. 그해는 특히 눈 화장도 진하게 했고 학기 초 아이들도 잘 잡혀 성공적인 일 년이 될 거라 생각했는데 완전 정반대였다. 그 후 따돌림사회연구모임식 학급운영을 하며 신학기의 무기를 바꿨다. 짙은 눈 화장과 옷차림, 쌀쌀맞은 첫인상이 아니라 권리, 평화, 화목, 우정을 무기로 삼았다. 그리고 학급에서 벌어지는 문제를 해결하는 가장 효과적인 무기로 진실과 화해 시간을 꺼내 들었다.

새 학기 진실과 화해 시간은 부지불식간에 찾아오기도 한다. 우리 반의 첫 진실과 화해 시간은 학기 시작하고 4일 만이었다. 그날은 새 학기 교과 수업이 처음으로 시작되는 날이었다. 교실에서 나와 함께 권평화우를 배우던 아이들이 체육 수업 시간에 싸우고 삐지고 울고 왔다. 첫날부터 싸우다니 실망했고 한 번만 더 싸우면 체육 시간에 피구는 없다는 체육 선생님의 협박은 우리 반 아이들에게 이 문제를 꼭 해결해야겠다는 의지를 북돋았다. 아이들은 우르르 몰려와 나에게 사건의 전말을 다 전해 주었다. 원래는 자기우정의 날이었으나 급히 진실과 화해의 날이 진행되었다.

진실과 화해 시간을 갖기 위해 먼저 아이들에게 진실과 화해 시간의 의미에 대해 설명했다. 일본과 독일의 사과에 대해 이야기해 주며 진정한 사과가 있어야만 용서와 화해가 가능하다는 얘기를 했다. 이 시간은 결코 누군가를 비난하고 시시비비를 가리는 것이 목적이 아니라, 자신의 잘못을 인정하고 사과하여 진실한 화해가 이루어지는 것이 목적인 시간이라는 것을 분명히 했다. 그러므로 장난으로 이 시간에 임하는 것을 경계해야 한다고 강조하고, 나 역시 진지한 태도로 일관했다.

사건은 간단했다. 피구를 하던 중 승민(가명)이가 은호(가명)에게 공을 던지지 말고 다른 잘하는 아이들에게 공을 양보하라고 강요했다는 것이 요지였다. 승민이는 자기 팀이 이기기 위한 필수적인 행동을 했고, 오히려 잘하지도 못하면서 이기적으로 굴어 다른 아이들을 방해한다고 은호를 비난했다. 은호는 승민이가 다른 아이들은 공을 던지도록 하면서 자기만 공을 가지면 잘하는 친구한테 패스하라고 한

다며 울분을 토했다. 이날 진실과 화해 시간을 통해 나는 우리 반의 권력구조를 파악할 수 있었다. 승민이의 의견에 동의하던 남학생들은 남자 권력의 최상위에 있었다. 승민이가 자주 은호에게 강압적으로 구는 것을 보았고 종종 다른 아이들에게도 체육 시간에 명령하고 지시한다고 얘기해 준 아이들은 정의그룹을 훌륭히 해낼 수 있는 아이들이었다. 은호처럼 공을 양보만 해야 하는 아이들은 우리 반에서 권력의 최하위에 놓여 있는 아이들이었다.

진실과 화해 시간을 처음으로 진행하며 우리 반에서는 감춰져 있던 많은 것들이 드러났다. 승민이와 몇몇 아이들이 종종 다른 아이들에게 명령하고 강압적으로 군다는 것, 많은 아이들이 그것에 힘들어하고 불만이 있다는 것, 은호의 경우 자신을 드러내고 인정받고 싶어하는 욕심이 과해 다른 친구들에게 피해를 끼칠 때가 많이 있다는 것 등이었다. 진실과 화해 시간을 겪으며 승민이는 자기 행동의 문제에 대해 알게 되었다. 은호의 경우는 자기는 절대 잘못하지 않았고 모두 승민이의 문제일 뿐이라고 우기며 억울해하던 처음의 태도에서 달라져, 자신도 잘못이 있음을 인정하고 억울한 마음을 풀었다.

우리 반의 첫 진실과 화해 시간은 좀 특이한 경우일 것이다. 우리 학교는 작은 학교여서 학년이 바뀌어도 학급 구성원이 별로 달라지지 않는다. 기존의 갈등과 문제를 그대로 안은 채로 새 학기를 맞게 되는 것이다. 그래서 첫 진실과 화해 시간에 학급의 구조적인 문제가 바로 드러나게 되었다. 그런데 일반적으로 처음 시작하는 진실과 화해 시간은 이 시간이 앞으로의 우리 학급에서 많은 갈등을 해결하고 우정을 만들어 가는 데 꼭 필요한 시간임을 아이들과 공감하고 진실과 화해의 필요성과 소중함을 느끼는 시간이 될 것이다. 그래야 앞으로의 진실과 화해 시간이 힘을 갖게 된다. 학급에서 갈등이 생겼을 때, 진실과 화해 시간에 그것이 해결되고 서로 노력하며 조금씩 발전하고 있는 모습을 통해 아이들은 평화적으로 갈등을 해결하는 방법을 배우게 되고 진실과 화해 시간의 힘을 믿게 된다.

첫 진실과 화해 시간을 거치고 난 후에 이와 같은 갈등이 완전히 해결되었다면 정말 좋았을 것이다. 그러나 그건 현실적으로 불가능한 일이다. 우리 반에는 이와 같은 갈등이 지속적으로 일어났다. 이 갈등이 아이들 사이의 권력구조의 문제이고 꽤 오래된 문제였기 때문이다. 그러나 시간이 지날수록 그 빈도는 점점 줄어갔다. 갈등이 생기면 진실과 화해 시간을 가진 후 시를 썼다. 시를 서로 교류하며 다시 한 번 진실과 화해 시간을 돌아보고 체화했다. 가끔은 진실과 화해 시간보다 그 후의 시를 쓰고 교류하는 과정에서 진심으로 화해가 이루어지는 것을 경험할 때도 있었다. 이런 과정을 거치면서 우리 반 아이들의 마음속에 학급의 갈등을 해결하는 평화 역량이 키워졌다. 신기하게도 진실과 화해 시간을 거치고 진정으로 화해를 한 행동은 다시 반복되지 않는 경우가 많았다. 그리고 친구들 사이의 오해로 벌어진 간단한 문제인 경우는 오히려 사이가 더 좋아지는 경우도 있었다. 비 온 뒤에 땅이 굳는 것처럼 작은 갈등을 평화롭게 해결하면서 서로의 우정이 단단해졌다. 진실과 화해 시간을 통해 진짜 화해가 이루어지는 것을 경험한 아이들은 먼저 나에게 진실과 화해 시간을 요구하기도 했다.

종종 진실과 화해 시간을 진행할 때 감정적인 방어막을 치고 자신의 잘못을 절대 인정하지 않는 아이들이 있다. 그럴 때가 진실과 화해 시간을 진행하기 제일 어려운 상황일 것이다. 그때 정의그룹의 아이들의 이해와 공감 한마디에 방어막이 녹아내리는 모습을 나는 종종 목격했다. 아이들은 또래의 이해와 공감이 꼭 필요하다. 진실과 화해 시간은 피해자, 가해자, 방관자 모든 아이들에게 또래의 이해와 공감을 제공한다. 그로 인해 아이들은 감정적인 힘을 얻고 용기 있게 자신의 잘못을 인정하고 진정으로 사과할 힘을 얻게 된다.

나는 지난 학급을 운영하며 진실과 화해 시간을 통해 갈등을 해결하고 사과하는 것에 주로 집중했다. 아이들이 진심으로 사과하면 갈등을 일으켰던 문제 행동들이 자연스럽게 사라지는 놀라운 경험을 많이 했기 때문이다. 그리고 제대로 사과할 줄 모르는 아이들의 문제점을 해결하기 위해 많은 힘을 쏟았다. 그 결과 개인적인 갈등이나 학급의 권력구조 등으로 인한 갈등 문제는 많이 감소했고 평화적이고 화목한 학급을 이루는 데 도움이 많이 되었다. 그러나 권리 충돌의 문제처럼 개인의 사과만으로 끝나지 않는 학급의 갈등은 여전히 남아 있었다. 이는 권리 충돌의 문제를 해결하기 위해서는 개인적인 사과와 용서만으로는 부족하고 약속과 다짐의 시간이 꼭 필요하다는 점을 간과했기 때문이다.

나는 앞으로의 교직생활 중에 수없이 많은 진실과 화해 시간을 가질 것이다. 그럴 때마다 진실과 화해 시간이 단순히 학급의 갈등 해결을 위한 수단이 아니라 화목하고 평화로운 학급 구조를 만들기 위한 미래 지향적인 시간이 되어야 한다는 점을 잊지 않을 것이다. 진실과 화해 시간은 아이들이 권리를 지키고 자신의 잘못에 대해 사과하고 책임질 수 있는 평화 역량을 키울 수 있는 중요한 실천의 장이기 때문이다.

# 우정을 키워 가는
## 아이들을 꿈꾸며

햇살

교직생활 14년 차인 2년 전, 교실 수업과 문화를 개선하고 싶다는
열망에 갈증이 나서 견딜 수 없을 무렵이었다. 전문적 학습공동체의
주제를 치열하게 고민하던 중 동학년 선생님을 통해 따돌림사회연구
모임을 만나는 행운이 찾아왔다. 그리고 그때부터 '평화교육' 즉 권
리, 평화, 화목, 우정 교육에 대한 나의 무한한 열정과 사랑은 시작되
었다.

그동안 교사로서 나는 나름대로 아이들을 정말 잘 가르쳐 보고 싶
다는 사명감을 가지고 하브루타 학습, 거꾸로 학습, 토의 토론 학습,
프로젝트 학습 등 수많은 교수법들에 관심을 갖고 그 각각의 학습법
에 대한 기술적인 측면을 익혀 학급 아이들에게 적용하느라 정신없
는 한 해 한 해를 보내 왔다. 그리고 주변에서 보고 들은 온갖 좋다
는 인성지도의 다양한 방법들을 시도해 보기도 했다. 그러나 항상 뭔
가가 부족하다는 느낌은 지울 수 없었다. 앞서 언급한 온갖 교수법들

이 그 자체로는 우수할지 모르지만 그것이 적용되고 실천되는 교실문화에 대해서는 간과하고 있었기 때문이었다. 그러다 보니 학습지도와 생활지도는 별개가 되었고, 교사로서 안간힘을 다해 지도하면서도 보람은 느껴지지 않았다.

따돌림사회연구모임의 평화교육을 알게 되면서 나는 교수학습법에 앞서 먼저 학생들의 삶과 생활을 교육의 목표와 내용의 중심으로 고민해야 된다는 생각을 갖게 되었다. 아무리 훌륭한 교수학습을 투입할지라도 교실의 문화와 학생들이 그것을 수용할 상태가 아니라면 적용조차 불가능하기 때문이었다. 따라서 '수업'과 '교실문화'가 하나의 바퀴가 되어 서로 맞물려 굴러가야 할 필요성이 있다고 판단했으며, 그러기 위해서는 교과지도와 생활지도가 분리되지 않고 평화로운 교실문화의 바탕 위에서 함께 이루어져야 한다는 것을 깨닫게 되었다.

해마다 학교, 학급에서는 학교폭력 예방 활동의 일환으로 친구사랑의 날이나 주간을 운영한다. 이 활동은 친구들 간 우정을 쌓아 화목한 학급을 만드는 데 목적이 있었다. 그런데 그동안 으레 해 오던 활동은 친구 그리기 등의 단순한 것이었고, 이러한 형식적인 활동에서 탈피해 보고 싶었다. 더구나 우리 반에는 겉보기엔 똑똑하고 야무진 꽃님이가 있었다. 친구가 필요 없다고 무척 센 척을 하지만 정작 친구에게 다가가는 방법을 몰라 고립된 아이였다. 나는 꽃님이를 볼 때마다 마음이 답답하고 아팠다. 꽃님이가 학급 아이들과 잘 어울릴 수 있도록 진심으로 도와주고 싶었다. 그런 고민으로 나는 우정의 중요성과 의미를 학습할 수 있는 수업이 필요하겠다고 생각했다. 하지만 우정이란 것은 실체가 없고 단기간에 완성될 수 없는 막연한 것이기 때문에 어떻게 수업으로 풀어내야 할지 막막했다. 많은 고민 끝에 '쉽게 다가갈 수 있고, 공감을 나눌 수 있는 이야기책을 선정해 우정 교육을 실시하면 어떨까?' 하는 생각이 들었다. 그래서 틈만 나면 우정에 관한 수많은 동화책들을 찾아 읽어 보며 어떤 책을 선택해 수업에 적용해야 할지 고민했다. 책을 선정하기까지도 힘든 과정이었다. 따돌림사회연구모임 선생님들과 함께 고민을 나눈 끝에 『어린 왕자』 이야기가 잘 맞겠다고 생각했다. 처음엔 이 책이 고전이라서 저학년 아이들에게 어려울 거라는 생각도 들었다. 그러나 교사가 어떻게 발문하느냐에 따라 우정에 대한 깊고 풍부한 많은 생각을 끌어낼 수 있는 책이었다.

꽃님이는 친구를 사귀는 방법에 대해 인지적으로는 매우 잘 알고 있었지만, 정작 친구들과 실제로 어떻게 교류하고 공감해야 할지를 모르는 아이였다. 그런데 다행스럽게도 어린 왕자와 여우의 이야기가 꽃님이의 마음을 건드렸고, 수업 과정을 통해 나누었던 많은 이야기들 그리고 꽃님이와 아이들이 만들었던 질문들을 주고받는 교류의 과정 자체가 꽃님이에게 커다란 울림을 주었다. 꽃님이뿐만 아니라 많은 아이들이 여우와 어린 왕자의 이야기를 통해 우정의 의미를 마음 깊이 새길 수 있었다. 이러한 실천 과정을 통해 『학급 혁명 10일의 기록』 우정의 날이 소개될 수 있었다. 모든 학급에서 새 학기마다 학생들에게 진정한 우정이 무엇인지, 서로에게 길들여진다는 것이 무엇인지 깊이 생각해 볼 기회를 준다면 학생들은 1년 동안 학급의 친구들과 우정을 만들기 위해 노력해 나갈 것이다.

# 화목놀이의 힘은
## 응원에 있다

바다별

　나는 학급에 새로운 학생이 전학 올 때마다 환영회를 열고 〈평화의 세상〉 노래를 들려주었다. 학생들이 둥글게 모여 앉아 서로 얼굴을 마주 보고 손뼉을 치면서 〈평화의 세상〉 노래를 부르면 이내 웃음이 피어난다. 중간에 노래가 끊길세라 목청껏 소리 높여 한목소리로 부르다 보면 '친구야! 우리 반에 온 것을 환영해. 권리, 평화, 화목, 우정의 교실을 함께 만들어 나가자!'라고 말하는 것만 같다. 마치 소망의 기도로 들린다. 〈평화의 세상〉 노래가 끝나자마자 한 학생이 〈말의 힘〉 노래를 선창한다. 평화의 노래가 메들리로 이어진다. "가는 말 거칠어야 오는 말이 곱다 해도~" 전학 온 학생도 따뜻하게 맞이해 주는 학급 분위기에 한결 긴장을 풀고 편안해지는 모습이었다. 평화롭고 화목한 학급을 만드는 데 노래의 힘은 정말 컸다. 평화의 노래 부르기 외에도 새 학기 모두 하나 되었던 화목놀이는 학급 분위기를 쇄신하는 계기를 마련해 주었다.

평화로운 교실을 위한 새 학기 학습 활동을 마치던 10일째 날, 첫 번째 모둠부터 나와서 풍선을 치고 나머지 친구들은 큰 목소리로 풍선을 친 개수를 세며 응원했다. 풍선을 떨어뜨리면 그다음 모둠이 이어서 진행했다. 새로운 기록이 갱신되면 친구를 응원하는 소리는 더욱 커졌다. 화목놀이는 함께 노력해야 성공할 수 있기에 자연스럽게 서로를 응원하게 만들어 주었다. 친구들이 내 이름을 부르며 열띠게 응원해 주는 경험은 학생들의 사기를 높이고, 자신감과 소속감을 불러일으켰다. 화목놀이가 끝나면 나는 학생들과 반드시 소감을 나누는 시간을 가졌다.

시간이 없을 땐 간단하게 소감 나누기를 했지만 여유가 있을 때 소감문을 시로 써 보는 시간을 가졌다. 나는 학생들의 시를 보며 화목놀이가 어떻게 학생들 마음에 와닿는지 생생하게 느낄 수 있었다. 그중 가장 기억에 남는 것은 체육이라면 뭐든 잘해서 '체육짱'이라 불리던 우빈이의 소감문이었다.

화목놀이

장우빈

평화윷놀이, 딱지 던지기
평화의 길 따라 가위바위보
난 솔직히 재미있진 않았다.
그냥 학교에서 하는 놀이구나!

하지만
이제 생각해 보니 재미있다.
친구들의 응원
이기기를 원하는 친구들의 마음

다시 생각하니 더 재미있다.
지금 생각하니 또 하고 싶다.

경쟁 놀이에 익숙한 우빈이에게 교사가 제시한 화목놀이는 처음엔
재미없고 따분한 것이었다. 그래서인지 처음엔 놀이에 소극적으로 참
여했고 괜한 것에 불만을 쏟아 냈다. 하지만 많은 아이들이 즐겁게
참여하는 모습을 보면서 우빈이도 자연스럽게 화목놀이의 재미를 느
끼는 것이 보였다. 우빈이가 화목놀이에서 새롭게 경험한 것은 무엇일
까? 그것은 친구들의 부러움이나 인정보다 더 짜릿한 응원과 격려가
아니었을까?

3부

평화를 위한
학습 활동지

# 이야기 여는 날

# 학급교육과정 운영을 위한 설문

1. 학교에서 보람과 기쁨을 느끼는 학습 활동은 무엇이었나요?

    1)

    2)

    3)

    4)

    5)

2. 학교생활에서 힘들었던 점이 있다면 무엇인가요?

    1) 친구들의 놀림이나 장난

    2) 친구와의 갈등

    3) 공부, 시험

    4) 숙제

    5) 기타: (직접 적기)

3. 다음 중 우리 학급이 가장 신경 썼으면 하는 가치 덕목을 순서대로
   나열해 주세요.

    1) 권리 (개인과 집단의 기본 약속과 규칙)

    2) 평화 (센 척과 갑질이 아닌 평화로운 갈등 해결)

    3) 화목 (모두가 친근하고 화목한 교류)

    4) 우정 (진실된 자기우정과 타인과의 우정 만들기)

5) 기타:

(     ) – (     ) – (     ) – (     ) – (     )

4. 올해 학급 교육 활동에서 이건 꼭 했으면 좋겠다고 생각하는 것이 있나요? 자신의 의견이 잘 드러나도록 적어 주세요.

5. 지각을 하지 않기 위한 방법, 아침 시간을 보람되게 보낼 수 있는 방법을 적어 주세요.

6. 놀이 시간이나 놀잇감 활용에 대한 다양한 의견을 적어 주세요.

7. 우리 학급 스포츠클럽의 이름은 '○○○○'입니다. 건강을 위해 어떤 스포츠 활동을 넣으면 좋을까요?

# 이야기 집

김경욱 시
이혜미 곡

# 미리 보는 우리 학급 명장면 그리기

제목:

이야기:

# 내가 사는 이야기

1. 자신의 이름을 적고, 이름에 담긴 뜻을 아는 대로 적어 봅시다.

2. 어린 시절 떠오르는 장면 중에서 가장 기뻤던 기억, 슬펐던 기억 등을 적어 봅시다.

3. 나의 기분-다음 문장의 뒷부분을 완성해 보세요(문득 떠오르는 생각을 써 보세요).

　1) 엄마는

　2) 아빠는

　3) 친구는

　4) 학교는

　5) 선생님은

　6) 우리 선생님은

　7) 우리 집은

8) 내가 가장 듣고 싶은 말은

9) 내가 가장 듣기 싫은 말은

10) 친구를 사귈 때 나에게 중요한 것은

11) 친구들의 눈을 보면 나는

12) 봄이 오는 풍경을 보면 나는

13) 울고 있는 아이를 보면 나는

14) 주인 없는 개를 보면 나는


## 4. 나의 이미지

| | |
|---|---|
| 나는 부모님께 이렇게 보이고 싶다.<br>:<br>부모님은 나를 이렇게 본다.<br>:<br>그런데 실제의 나는 이렇다.<br>: | 나는 친구들에게 이렇게 보이고 싶다.<br>:<br>친구들은 나를 이렇게 본다.<br>:<br>그런데 실제의 나는 이렇다.<br>: |
| 나는 선생님께 이렇게 보이고 싶다.<br>:<br>선생님은 나를 이렇게 본다.<br>:<br>그런데 실제의 나는 이렇다.<br>: | 내가 바라보는 나는 이렇다.<br>:<br>나는 이런 사람이 되고 싶다.<br>: |

5. 나의 인간관계 - 나는 사람들(반 친구들)을 볼 때 어떤 점을 중요시 하나?

(세 가지만 고르시오. :                    )

① 착한 사람인가, 나쁜 사람인가 ② 유능한가, 무능한가 ③ 적극적인 가, 수동적인가 ④ 강한가, 약한가 ⑤ 상대하기 편한가, 불편한가 ⑥ 멋 이 있나, 멋이 없나 ⑦ 재미있나, 재미없나 ⑧ 나에게 잘 대해 주나, 잘 대해 주지 않나 ⑨ 내 편을 들어주나, 안 들어주나 ⑩ 나에게 이익을 주 는 사람인가, 해를 끼치는 사람인가 ⑪ 개성이 있나, 없나 ⑫ 멋 ⑬ 잘생 겼나, 못생겼나 ⑭ 돈이 많은가, 적은가 ⑮ 공부를 잘하나, 못하나 ⑯ 질 서나 예절을 잘 지키나, 잘 지키기 않나 ⑰ 진실한가, 진실하지 않은가 ⑱ 장애가 있나, 없나  ⑲ 기타(직접 쓸 것):

## 6. 나의 대인관계 성향

| | | | |
|---|---|---|---|
| 1 | 나는 내 잘못에 대하여 스스로 비난하거나 반성하는 경우가 많다. | 그렇다 | 아니다 |
| 2 | 거짓말을 하기 힘들다. | 그렇다 | 아니다 |
| 3 | 나는 다른 사람의 고통에 대하여 같이 고통스러워할 줄 아는 편이다. | 그렇다 | 아니다 |
| 4 | 나는 사람을 사랑할 줄 안다. | 그렇다 | 아니다 |
| 5 | 나는 나를 매우 자랑스럽게 생각한다. | 그렇다 | 아니다 |
| 6 | 나는 다른 사람의 나보다 나은 점과 성공에 대해 시기, 질투심이 있는 편이다. | 그렇다 | 아니다 |
| 7 | 나는 남이 가진 것을 보면 나도 같은 것을 가지고 싶어 한다. | 그렇다 | 아니다 |
| 8 | 나는 아이들과 함께 있어도 소외감을 느낄 때가 많다. | 그렇다 | 아니다 |
| 9 | 책 읽기 등 혼자 노는 것을 좋아한다. | 그렇다 | 아니다 |
| 10 | 나는 손해 보는 것은 너무 싫다. | 그렇다 | 아니다 |
| 11 | 우등생 유형이며 선생님이나 친구들로부터 신뢰를 받는다. | 그렇다 | 아니다 |
| 12 | 비판이나 질책을 두려워하고 그런 일을 당하지 않으려고 애쓴다. | 그렇다 | 아니다 |
| 13 | 나는 하고 싶은 대로 한다. | 그렇다 | 아니다 |
| 14 | 나는 혼자 있는 것이 남과 있는 것보다 더 좋다. | 그렇다 | 아니다 |
| 15 | 나는 내 마음이나 내 의견을 제대로 표현하는 것이 어렵지 않다. | 그렇다 | 아니다 |
| 16 | 친구들 사이에서 리더 역할을 하고 싶어 한다. | 그렇다 | 아니다 |
| 17 | 내 나름의 의지나 생각보다는 분위기나 대세에 따르는 경향이 있다. | 그렇다 | 아니다 |
| 18 | 나는 싫은 것을 잘 내색하지 않는다. | 그렇다 | 아니다 |
| 19 | 남이 나를 비웃는 것처럼 보일 때가 많다. | 그렇다 | 아니다 |
| 20 | 사람들은 나에게 부당하게 대하거나 피해를 주는 경우가 많다. | 그렇다 | 아니다 |
| 21 | 사람들이 나를 시기하거나 질투하는 경우가 많다. | 그렇다 | 아니다 |
| 22 | 나 자신과 많이 싸우고 있다. | 그렇다 | 아니다 |
| 23 | 나에게는 따돌림에 대한 걱정이 있는 편이다. | 그렇다 | 아니다 |

# 학생에 대한 이해를 돕기 위한 학부모 설문지

초등학교    학년    반    번 이름:

◈ 이 자료는 담임선생님 외에는 그 누구도 보지 않습니다. 담임선생님이 아이들을 지도할 때 알면 도움이 되는 중요 사항들 위주로 간단하게 작성해 주시면 됩니다. 공개를 원하지 않는 것은 쓰지 않으셔도 됩니다.

(1) 연락처

|  | 이름 | 나이 | 휴대폰 | 동거 여부(o, ×) |
|---|---|---|---|---|
| 아버지 |  |  |  |  |
| 어머니 |  |  |  |  |
| 학생 |  |  |  |  |

(2) 함께 사는 가족들

| 이름 | 나이 | 관계 | 하시는 일 (학교) |
|---|---|---|---|
|  |  |  |  |
|  |  |  |  |
|  |  |  |  |

(3) 자녀의 자라 온 이야기(출생부터 지금까지의 성장 과정, 자녀의 성격 형성
    에 영향을 미친 가정환경, 자녀의 기질이나 성격 등)




(4) 자녀의 친구관계에 대한 이야기(유치원 때부터 지금까지 자녀의 친구 관
    계, 친구관계를 맺을 때 자녀에게 바라는 점 등)




(5) 자녀의 학습에 대한 이야기(학교에서나 집에서 학습에 임하는 태도, 집에
    서의 학습량, 학습에 대한 이해 정도, 바라는 점 등)




(6) 자녀의 가정에서의 생활 모습(부모님, 형제들과의 관계, 집에서의 생활 습
    관, 방과 후나 방학 동안 집에서의 생활 모습, 바라는 점 등)

(7) 자녀의 장단점, 고쳤으면 하는 문제 행동이나 버릇

(8) 그 밖의 이야기
(위에 적은 것 외에 담임선생님이 아동의 생활 지도에 참고하거나 고려해 주었으면

하는 당부 사항)

바쁘신 가운데 열심히 작성해 주셔서 감사합니다. ♡

# 권리의 날

# 교실의 약속

김경욱 시
이혜미 곡

# 학급 평화규칙 제정을 위한 설문지 1(학급생활약속)

초등학교    학년   반   번 이름:

1. 학급생활을 하면서 힘들거나 불편했던 점은 무엇입니까? 과거의 경험이나 현재 느끼는 생각 등을 솔직하게 적어 주세요.

2. 초등학교 학급생활을 하면서 기억에 남는 즐겁고 소중한 추억은 무엇입니까?

3. 학급생활에서 '이것만은 꼭 하자!'라고 생각하는 내용을 적어 봅시다.

4. 학급생활에서 '이것만은 하지 말자!'라고 생각하는 내용을 적어 봅시다.

5. 학급약속을 지키지 못한 경우 어떻게 책임을 지는 것이 좋을까요? 다양한 경우를 떠올려 보면서 원칙을 세워 봅시다.

# 학급 평화규칙 제정을 위한 설문지 2(수업규칙)

초등학교    학년    반    번 이름:

1. 수업 시간에 '이것만은 꼭 하자!'라고 생각하는 내용을 적어 봅시다.

2. 수업 시간에 '이것만은 하지 말자!'라고 생각하는 내용을 적어 봅시다.

3. 수업규칙을 지키지 못한 경우 어떻게 책임을 지는 것이 좋을까요?
   다양한 경우를 떠올려 보면서 원칙을 세워 봅시다.

# 학급평화규칙 제정을 위한 설문지 3(청소규칙)

초등학교    학년    반    번 이름:

1. 학급에서 청소규칙이 필요한 이유는 무엇입니까?

2. 작년 학급 청소 활동에서 잘됐던 점과 부족했던 점은 무엇이라고 생각합니까?
   1) 잘됐던 점 -
   2) 부족했던 점 -

3. 내가 청소를 성실히 하지 않을 경우 발생하는 피해에는 어떤 것들이 있습니까? 세 가지 이상 적어 봅시다.
   1) 나 자신:
   2) 친구들과 선생님:
   3) 우리 학급:

4. 청소 활동이 두루두루 공평하게 이루어질 수 있으려면 어떤 방법으로 청소하는 것이 좋겠습니까?

# 학급 조직을 위한 사전 설문 활동

초등학교    학년    반    번 이름:

1. 학급생활을 해 나가면서 학급공동체가 함께 해결해야 할 문제에는 어떤 것들이 있나요? 필요하다고 생각하는 것에 표시하고, 자신의 의견도 적어 보세요. (중복 응답 가능)

    ① 학급 규칙을 함께 만들고 잘 지켜지지 않는 부분을 점검하고 보완하기

    ② 학급에서 일어나는 과도한 장난이나 폭력의 문제

    ③ 학급에서 일어나는 잘못된 언어 사용 문제

    ④ 학급에서 일어나는 뒷담화나 따돌림 문제

    ⑤ 학급에서 소외되거나 고립된 친구들과 함께 생활하는 문제

    ⑥ 기타:

2. 학급 임원의 역할은 무엇이라고 생각합니까? (중복 응답 가능)

    ① 학급의 분위기를 공정하고 평화로운 방향으로 만들어 가는 역할

    ② 학급의 문제를 발견하고 해결하는 일에 리더십을 발휘하는 역할

    ③ 학급 구성원들의 의견에 귀 기울이며 학급회의를 원활하게 진행하는 역할

    ④ 선생님과 긴밀하게 소통하고 교류하면서 학생들과의 사이에 징검다리가 되어 주는 역할

⑤ 수업에 열심히 참여하면서 면학 분위기를 조성하는 역할

⑥ 학급의 모든 일에 솔선수범하는 봉사자의 역할

⑦ 기타:

3. 학생 대표에게 꼭 필요한 성품(인성)으로 세 가지를 고른다면 무엇입니까?

예〉 신뢰, 용기, 인내, 겸손, 봉사, 평등, 예의, 양보, 배려 등

①

②

③

4. 학급 임원들이 절대 하지 말아야 할 행동은 무엇이라고 생각합니까?

5. 자신이 특별히 존경하는 위인이나 유명인 또는 주변 사람들 중에서 리더십을 발휘한 인물로 대표적인 사람은 누구라고 생각합니까? 그렇게 생각한 이유를 자세히 적어 주세요.

6. 학급 대표 선거에 도전해 본 경험이나 올해 도전할 생각이 있나요?

 ① 경험을 가지고 있고 올해도 도전해 볼 생각이다.

 ② 경험은 있지만 올해는 도전하지 않을 생각이다.

 ③ 경험은 없지만 올해는 도전해 볼 생각이다.

 ④ 경험도 없고 앞으로도 도전하지 않을 생각이다.

 * 답변을 한 이유를 간단히 적어 주세요.


7. 학급 대표가 아니더라도 학급에 필요한 역할을 맡게 된다면 어떤 분야에 관심이 있습니까? 중복해서 표시해도 되고, 기타 의견이 있으면 적어 주세요.

 ① 학급에서 일어난 일들을 말이나 글로 정확하고 진실하게 전달해 주는 역할(평화기자단)

 ② 친구들 사이에 일어나는 문제를 해결할 수 있게 도와주는 역할(정의그룹)

 ③ 친구들이 교과 공부에 관심을 갖고, 잘할 수 있도록 도움을 주는 역할(학습부서)

 ④ 친구들의 건강과 체육활동에 도움을 주는 역할(건강체육부서)

 ⑤ 학급 친구들이 화목하게 어울릴 수 있도록 도와주는 역할(화목부서)

 ⑥ 함께 쓰는 마음 일기를 통해 친구들의 고민을 상담해 주고, 우정을 키워 가는 역할(우정부서)

 ⑦ 학급의 어려운 일을 솔선수범하여 돕는 봉사부서

 ⑧ 기타 의견:

9. 학급 조직 활동을 통해 개인적으로 발전하고 성장하길 바라는 부분
이 있다면 무엇입니까? 해당되는 번호가 여러 개일 경우 바라는 순서
대로 번호를 써 보세요.

① 친구들을 두루 사귈 수 있는 사교성과 친화력

② 친구들 사이의 갈등이나 문제를 슬기롭게 해결해 나가는 능력

③ 무엇이든 해낼 수 있다는 도전정신과 용기

④ 말과 글로 자신의 생각을 표현하고 교류할 수 있는 능력

⑤ 쉽게 포기하지 않는 참을성과 인내심

⑥ 많은 사람들 앞에서 자신 있게 발표하고 연설할 수 있는 능력

⑦ 기타:

(    ) (    ) (    ) (    ) (    ) (     )


10. 학급 조직 활동을 통해 우리 학급이 어떤 학급이 되기를 바라나
요? 과거 학급에서의 경험을 바탕으로 올해 학급에 대한 기대와 바
람을 적어 주세요.

3막

# 만남의 날

# 물, 불, 흙, 공기로 자기소개하기

초등학교    학년   반   번 이름:

# 우정의 나무

김경욱 시
이혜미 곡

# 자기우정의 날

# 자기우정과 우정 한눈에 보기

| | | | |
|---|---|---|---|
| 자기개방<br>자신에게<br>솔직하기 | 정직<br>타인에게<br>솔직하기 | 자기위로<br>자신의 슬픔을<br>받아 주고 달래 주기 | 위로<br>타인의 슬픔을<br>받아 주고 달래 주기 |
| 자기신뢰<br>자신을 믿어 주고<br>의지하기 | 신뢰<br>타인을 쉽게 의심하지 않고<br>믿어 주기 | 자기사과<br>수고하는 자신에게<br>미안해하기 | 사과<br>자신의 잘못에 대하여<br>용서를 구하기 |
| 자기감사<br>자신에게<br>고마워하기 | 보은<br>은혜를 말이나<br>행동으로 갚기 | 자기극복<br>자신의 부족함이나<br>악조건 이겨 내기 | 겸손<br>자신을 내세우지 않고<br>타인을 존중하기 |
| 자기비판<br>자신의 잘못된 행동과<br>생각을 살피기 | 공정<br>공평하고 올바르게<br>생각하고 행동하기 | 자기격려<br>자신에게 용기를 주고<br>응원하기 | 연대<br>타인을 격려하며 서로<br>힘을 모으기 |
| 자기돌봄<br>자신의 부족한 점을<br>스스로 채우기 | 돌봄<br>타인에게 관심을 가지고<br>보살피기 | 자기인내<br>괴로움이나 어려움을<br>참고 견디기 | 관대<br>타인을 너그럽게<br>받아 주고 기다려 주기 |
| 자기숙고<br>자신을 객관적으로<br>자세히 바라보기 | 경청<br>타인의 말을<br>귀 기울여 듣기 | 자기해학<br>재치 있는 생각으로<br>자신에게 웃음 주기 | 유머<br>재치 있는 생각으로<br>타인에게 웃음 주기 |
| 자기축하<br>스스로 축하하고<br>행복을 빌어 주기 | 동락<br>타인과 어울려 서로<br>축하하고 즐기기 | 자기비움<br>생각과 과업을 일시적으로<br>보류하기 | 포용<br>타인의 생각과 마음을<br>받아들이기 |
| 자기약속<br>스스로 정한 일을<br>완수하려고 노력하기 | 의리<br>타인과의 약속과<br>믿음을 지키기 | 자기예의<br>바른 말과 몸가짐으로<br>자신을 존중하기 | 예의<br>바른 말과 몸가짐으로<br>타인을 존중하기 |
| 자기환대<br>자신에게 친절한<br>미소로 대하기 | 환대<br>타인을 반갑게 맞이하여<br>친절하게 대하기 | 자기평등<br>자신과 타인을<br>비교하지 않기 | 평등<br>우열을 가리지 않고<br>차별 없이 대하기 |
| 자기애도<br>슬픈 기억을 딛고<br>다시 일어서기 | 연민<br>타인의 처지를 돌아보고<br>가엽게 생각하기 | 자기순화<br>스스로를 평화롭고<br>순수하게 만들기 | 화목<br>타인에게 순수함과<br>평화로움 깨우쳐 주기 |

# 자기우정과 우정의 관계

   자기우정을 잘 키워 가는 사람은 다른 사람과의 우정도 잘 키워 나
갈 수 있습니다. 자기우정과 우정의 관계를 알아보아요.

**자기개방**(자신에게 솔직하기)　　　　　　➡ **정직**(타인에게 솔직하기)
＊자기 자신에게 솔직할 수 있어야 다른 사람에게 거짓말하지 않고 정직하게 말할 수 있다.

**자기위로**(자신의 슬픔을 받아 주고 달래 주기)　➡ **위로**(타인의 슬픔을 받아 주고 달래 주기)
＊자기 자신을 위로할 줄 아는 사람은 타인의 슬픔을 이해하고 위로할 수 있게 된다.

**자기신뢰**(자신을 믿어 주고 의지하기)　　　➡ **신뢰**(타인을 쉽게 의심하지 않고 믿어 주기)
＊자기 자신을 신뢰하는 사람들은 타인을 근거 없이 쉽게 의심하거나 험담하지 않는다.

**자기사과**(수고하는 자신에게 미안해하기)　　➡ **사과**(자신의 잘못에 대하여 용서를 구하기)
＊스스로를 돌아보고 미안하다는 생각과 마음을 가질 수 있는 사람은 타인에게도 사과
할 수 있다.

**자기감사**(자신에게 고마워하기)　　　　　➡ **보은**(은혜를 말이나 행동으로 갚기)
＊ 자기 자신에게 고마워할 줄 아는 사람은 타인에게 은혜를 말이나 행동으로 갚을 줄
안다.

**자기극복**(자신의 부족함이나 악조건 이겨 내기)　➡ **겸손**(자신을 내세우지 않고 타인을 존중하기)
＊자기 자신의 부족함 인정하고 극복하기 위해 노력하는 사람은 자신의 부족함을 알기
때문에 겸손하다.

**자기비판**(자신의 잘못된 행동과 생각을 살피기)　➡ **공정**(공평하고 올바르게 생각하고 행동하기)
＊자기비판을 통해 자신을 살피는 사람은 타인 대해서도 바르게 판단할 수 있는 공정함
을 가질 수 있다.

**자기격려**(자신에게 용기를 주고 응원하기)　　➡ **연대**(타인을 격려하며 서로 힘을 모으기)
＊자기 자신을 응원할 줄 아는 사람은 타인을 격려할 수 있으며, 말과 행동으로 힘을 보
태고 협동한다.

**자기돌봄**(자신의 부족한 점을 스스로 채우기)　➡ **돌봄**(타인에게 관심을 가지고 보살피기)
＊자기 자신을 돌볼 줄 아는 사람은 다른 사람에게 관심을 가지고 도움을 주거나 보살
필 수 있다.

**자기인내**(괴로움이나 어려움을 참고 견디기)    ➡ **관대**(타인을 너그럽게 받아 주고 기다려 주기)
\*쉽게 포기하지 않고 참고 견디는 사람은 다른 사람에 대해서도 쉽게 판단하지 않고 믿고 기다린다.

**자기숙고**(자신을 객관적으로 자세히 바라보기)    ➡ **경청**(타인의 말을 귀 기울여 듣기)
\*나 자신에 대하여 깊이 생각할 수 있는 사람은 다른 사람의 말에 대해서도 깊이 생각하며 귀 기울인다.

**자기해학**(재치 있는 생각으로 자신에게 웃음 주기)  ➡ **유머**(재치 있는 생각으로 타인에게 웃음 주기)
\*어두운 현실에 대한 새로운 생각으로 여유롭게 웃을 줄 아는 사람은 타인에게도 재치 있는 웃음을 준다.

**자기축하**(스스로 축하하고 행복을 빌어 주기)    ➡ **동락**(타인과 어울려 서로 축하하고 즐기기)
\*자신을 위해 축하의 말이나 선물을 건넬 수 있는 사람은 다른 사람들과 어울려 즐거움을 나눌 수 있다.

**자기비움**(자신의 생각과 과업을 일시적으로 보류하기) ➡ **포용**(타인의 생각과 마음을 받아들이기)
\*자신의 생각과 할 일들을 잠시 내려놓을 수 있는 사람은 타인을 수용할 마음의 공간을 갖게 된다.

**자기약속**(스스로 정한 일을 완수하려고 노력하기)   ➡ **의리**(타인과의 약속과 믿음을 지키기)
\*스스로에게 한 약속을 잘 지키는 사람은 다른 사람과의 약속과 신뢰를 책임감 있게 지켜 나간다.

**자기예의**(바른 말과 몸가짐으로 자신을 존중하기)   ➡ **예의**(바른 말과 몸가짐으로 타인을 존중하기)
\*바른 말투나 몸가짐으로 스스로 예의를 갖추어 대하는 사람은 다른 사람에 대한 예의를 지킨다.

**자기환대**(자신에게 친절한 미소로 대하기)     ➡ **환대**(타인을 반갑게 맞이하여 친절하게 대하기)
\*어떤 순간에도 스스로를 반겨 주는 사람은 환대받는 마음을 이해하고 다른 사람도 친절하게 대한다.

**자기평등**(자신과 타인과 비교하지 않기)     ➡ **평등**(우열을 가리지 않고 차별 없이 대하기)
\*자기 자신을 다른 사람과 비교하지 않는 사람이 다른 사람도 비교하지 않고 차별하지 않는다.

**자기애도**(슬픈 기억을 딛고 다시 일어서기)    ➡ **연민**(타인의 처지를 돌아보고 가엽게 생각하기)
\*자신의 고통스러운 기억과 슬픈 감정을 이겨 내는 사람은 다른 사람들의 아픔을 함께할 수 있다.

**자기순화**(스스로를 평화롭고 순수하게 만들기)   ➡ **화목**(타인에게 순수함과 평화로움 깨우쳐 주기)
\*스스로를 항상 순수하게 하려고 노력하는 사람은 타인을 정성껏 감화하여 화목하고 평화롭게 만든다.

# 나의 단짝 친구에게 편지 쓰기

\* 다음 질문에 어울리는 친구의 이름을 적어 보세요.

| 정직에 관한 질문 | 친구 이름 (없으면 적지 말고, 많으면 있는 대로 적으세요.) |
|---|---|
| • 비밀 이야기를 들어 주고 비밀을 잘 지키는 친구 | |
| • 억울한 일을 당했을 때, 나의 편이 되어 주는 친구 | |
| • 나의 장점과 단점을 굉장히 많이 알고 있는 친구 | |
| • 지금 내 마음이 어떤지 잘 알고 있는 친구 | |
| • 내 잘못이나 나쁜 행동을 꾸짖기도 하는 친구 | |
| • 내가 몰래 한 말과 행동을 알고 있는 친구 | |
| • 좋은 싫든 언제나 나와 항상 함께 있는 친구 | |

\* 친구 이름을 적은 위 표의 오른쪽 칸들에 자신의 이름을 적어 보세요.

\* 나의 단짝 친구인 나 자신에게 간단한 인사를 적어 봅시다.

# 내가 걸어온 길

초등학교    학년    반    번 이름:

\* 나이별로 사진을 붙이거나 그림을 그리고, 기억나는 사건이 있으면
간단히 적어 보세요.

| 1세 | 2세 | 3세 | 4세 | 5세 | 6세 | 7세 | 8세 | 9세 | 10세 | 11세 | 12세 | 13세 |
|------|------|------|------|------|------|------|------|------|------|------|------|------|

→

\* 지나온 시간들을 떠올리며 위로, 공감, 충고, 유머 등 나에게 하고 싶
은 말을 써 봅시다.

# 내가 나에게 쓰는 자기우정 편지

초등학교    학년    반    번 이름:

# 내가 걸어온 길을 돌아보며 나에게 쓰는 편지를 위한 생각 열기

초등학교   학년   반   번 이름:

나의 가장 오래된 기억은 무엇입니까?

살면서 가장 행복했던 순간은 언제입니까?

살면서 내가 힘들었던 순간은 언제입니까?

나에게 소중한 사람들은 누구입니까?

앞으로 만나고 싶은 사람들은 어떤 사람들입니까?

자라 오면서 내가 가지게 된 바람(소망, 꿈)이 있다면?

앞으로 자라 나갈 나에게 꼭 주고 싶은 소중한 것 세 가지

# 자기우정을 살펴보아요

자기우정의 정의와 질문을 읽고 오른쪽의 자기우정 덕목을 오려서 〈나의 자기우정 점수〉 표에 붙여 보세요.

| | |
|---|---|
| 1. 자기개방이란 자기 자신에게 거짓말하지 않고 솔직한 것입니다.<br>나는 나의 잘못이나 약점, 속마음을 숨기지 않고 스스로에게 솔직하게 말하고 인정할 수 있나요? | 자기<br>개방 |
| 2. 자기위로는 자신의 슬픔을 받아 주고 달래 주는 것입니다.<br>외롭고 쓸쓸할 때 나는 충분히 울고, 스스로 하소연도 하고, 위로하는 말을 건넬 수 있나요? | 자기<br>위로 |
| 3. 자기신뢰는 자신을 믿어 주고 의지하는 것입니다.<br>나는 항상 잘하려고 노력하고, 앞으로의 가능성이 있기 때문에 믿음직한 사람이라고 생각하나요? | 자기<br>신뢰 |
| 4. 자기사과는 수고하는 자신에게 미안해하는 것입니다.<br>나의 잘못된 행동이나 생각 때문에 내 몸과 마음이 아프고 슬프다면, 나에게 미안한 마음이 드나요? | 자기<br>사과 |
| 5. 자기감사란 자신에게 고마워하는 것입니다.<br>나의 바른 생각이나 행동, 그리고 나라는 사람 자체만으로도 나에게 감사하다는 생각을 하나요? | 자기<br>감사 |
| 6. 자기극복이란 자신의 부족함이나 안 좋은 조건을 이겨 내는 것입니다.<br>지금의 부족한 모습을 벗어나 더 훌륭한 내가 되기 위해서 나 자신을 이겨 낼 수 있나요? | 자기<br>극복 |
| 7. 자기비판이란 자신의 잘못된 행동과 생각을 살피는 것입니다.<br>나의 좋은 면과 나쁜 면을 모두 볼 수 있으며 잘못된 것이 있다면 스스로 지적하고 고치려고 하나요? | 자기<br>비판 |
| 8. 자기격려는 자신에게 용기를 주고 응원하는 것입니다.<br>실패하고 좌절했을 때 스스로 용기를 주고, 결과와 상관없이 노력한 만큼의 가치를 인정하나요? | 자기<br>격려 |
| 9. 자기돌봄이란 자신의 부족한 점을 스스로 채우는 것입니다.<br>힘든 일이 있을 때 다른 사람에게 쉽게 부탁하거나 의존하지 않고 스스로 부족함을 채워 가나요? | 자기<br>돌봄 |

| | |
|---|---|
| 10. 자기인내란 괴로움이나 어려움을 참고 견디는 것입니다.<br><br>노력의 결과가 금방 나타나지 않고 다른 사람이 알아주지 않더라도 쉽게 포기하지 않고 견디나요? | 자기<br>인내 |
| 11. 자기숙고는 자신을 객관적으로 자세히 바라보는 것입니다.<br><br>나 자신에게 일어난 일에 대해 원인과 결과, 상황 등 다양한 측면을 고려하면서 생각하나요? | 자기<br>숙고 |
| 12. 자기해학이란 재치 있는 생각으로 자신에게 웃음을 주는 것입니다.<br><br>나의 약점이나 어리석음에 대해 엄격하게 자책만 하지 않고 때로는 웃어 줄 수 있나요? | 자기<br>해학 |
| 13. 자기축하란 스스로 축하하고 행복을 빌어 주는 것입니다.<br><br>나의 장점과 능력, 노력의 결과물 등에 대해 스스로 축하하고 나에게 휴식이나 선물을 주기도 하나요? | 자기<br>축하 |
| 14. 자기비움이란 자신의 생각과 해야 할 일들에 대한 계획을 일시적으로 보류하는 것입니다.<br><br>다른 사람의 이야기를 듣기 위해서, 혹은 무엇인가를 얻기 위해서 나의 생각이나 계획을 잠시 멈출 수 있나요? | 자기<br>비움 |
| 15. 자기약속이란 스스로 정한 일을 완수하려고 노력하는 것입니다.<br><br>계획이 작심삼일로 끝나는 것을 당연하게 생각하지 않고 자기와의 약속을 지키려고 노력하나요? | 자기<br>약속 |
| 16. 자기예의란 바른 말과 몸가짐으로 자신을 존중하는 것입니다.<br><br>스스로 존중하는 마음을 가지고 마음과 말, 행동으로 나 자신을 부끄럽게 하지 않도록 노력하나요? | 자기<br>예의 |
| 17. 자기환대는 자신에게 친절한 미소로 대하는 것입니다.<br><br>즐거울 때나 힘들 때나 어떤 상황에서도 나 자신을 친절하고 반갑게 받아 줄 수 있나요? | 자기<br>환대 |
| 18. 자기평등이란 자신과 타인과 비교하지 않는 것입니다.<br><br>성적, 능력과 외모, 물질 등으로 나와 남을 비교하지 않고 자기 자신을 바라볼 수 있나요? | 자기<br>평등 |
| 19. 자기애도는 슬픈 기억을 딛고 다시 일어서는 것입니다.<br><br>슬픔과 고통이 왔을 때 충분히 슬퍼하고 나서, 지나간 일들을 훌훌 털고 다시 일어날 수 있나요? | 자기<br>애도 |
| 20. 자기순화는 스스로를 평화롭고 순수하게 만드는 것입니다.<br><br>짜증, 분노, 욕심, 시기심, 자기증오를 버리고 마음을 순하고 부드럽게 만들려고 노력하나요? | 자기<br>순화 |

# 나의 자기우정 점수

(자기우정 덕목을 해당하는 점수에 붙여보세요.)

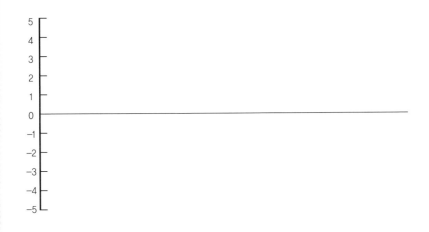

\* 일 년 동안 나에게 더욱 필요하다고 생각되는 자기우정 덕목은 무엇
인가요? 그 이유는 무엇인가요? (세 가지만 쓰시오)

예시〉 자기평등이 필요하다. 나는 항상 남과 나를 비교하고 슬퍼하거나
다른 사람을 질투하기도 하기 때문이다.

1.

2.

3.

# 내가 나를
자기 우정을 위한 노래

김경욱 시
이혜미 곡

E    B    C#m    A    F#m

내 가 나를 내 가 나 를 - 내 가 나를 내 가 나

B⁷    C#m    G#m    A

를 - 위 로 해줘요 격려 해줘요 내가 일 으 - 켜 줘

E    E    B    A    E

요 - 남 모 르 - 게 아파 오 - 면 내가 감 싸 줘 요 혼 자
남 을 이 기 기 위 한 자 존 감 을 - 싫 어 해 요 나 를

E    B    A    B    C#m    G#m

있 - 어 외로 우 - 면 내가 가 까 이 가 요 짓 밟 히 고 억 울 하 면 내 가
이 겨 서 얻 는 자 부 심 을 - 좋 아 하 죠 쓸 데 없 는 자 기 자 랑 부 끄

A    E    A    E    A    B

위로 해 줘 요 눈 물 맺 히 면 - 때로는 내가 흐르게 해 요 남 의
러 - 워 해 요 나 와 싸 워 이 기 라 - 고 내가 일 으 켜 줘 요 옳 은

C#m    G#m    A    E

눈 물 씻 어 주 려 나 의 눈 물 - 그 쳐 요 - 내
일 에 망 설 이 면 내 가 격 려 - 해 줘 요 - 내

D.S.

# 5막

# 학급 조직과
# 선언의 날

# 평화기자단은 평화로운 학급을 위해
# 신문을 만드는 사람들입니다.

## 취재규칙

1. 인터뷰하기 전에 질문지를 먼저 만들어 가지고 갑니다.
2. 인터뷰 도중 필요하다고 생각되면 질문을 추가해도 좋습니다.
3. 인터뷰는 되도록 존댓말로 진행하고 예의를 지킵니다.
4. 인터뷰 내용은 기자수첩에 잘 적었다가 파일로 정리해서 모읍니다.
5. 인터뷰뿐 아니라 '학생들의 평화적 행동, 평화적 활동'을 소개해도 좋고, 반대로 '평화에 도움이 되지 않는 행동'을 고발하듯이 써도 됩니다.
6. 다만 평화에 반대되는 내용을 취재할 때는 취재원의 이름을 A, B, C, D 등 알파벳 순서로 표기하고 일체의 개인정보를 싣지 않습니다.
7. 기사에 도움이 되는 범위에서 사진이나 그림을 삽입해도 됩니다.

## 취재 방법

1. 설명이 너무 간단하거나 이해가 잘 안 되면, 더 자세히 이야기해 달라고 부탁합니다.
2. "그러니까 ~라는 말씀이시죠?"라고 기자가 정리한 내용을 상대방에게 확인시켜 줍니다.

# 학급 임원 후보자 질의응답

1. 후보자 이름:

2. 평화로운 반을 만들기 위해 지금까지 어떻게 살아왔습니까?
   (친하게 지내던 친구를 따돌리려 할 때, 약한 애를 무시하고 놀릴 때,
   센 척하며 자기 마음대로 행동하는 아이가 있을 때, 반 아이들이 사이
   좋게 지내게 하려고 할 때 등)

3. 학급 임원이 된다면 앞으로 어떻게 살아가겠습니까?

4. 우리 반을 평화롭게 만들기 위해 나는 이런 역할을 하겠습니다.

# 평화선언문

초등학교 고학년의 첫 발걸음을 떼는 우리들은 보람되고 뜻깊은 한 해를 보내기 위해 나 자신과 우리에게 다음과 같이 약속하자.

하나. 너와 나, 우리의 권리를 존중하고, 갈등이 생기면 슬기롭게 해결해 나 가는 평등하고 정의로운 주권자가 되자.

둘. 학급 안의 모든 폭력을 거부하고, 센 척, 갑질을 하지 않는 평화로운 학 급의 구성원이 되자.

셋. 자신에게 잘 통하는 친구와 그룹이 있더라도 학급의 모든 친구들과 화 목하게 어울려 지내려는 마음을 갖고, 고립된 친구에게 손을 내밀자.

넷. 나 자신과 친구들, 선생님을 아낌없이 응원하고 격려하는 우정의 마음 을 갖자.

다섯. 우리가 함께 정한 평화규칙을 소중히 여기며 굳세게 지켜 나가자.

여섯. 평화를 지향하는 학급을 위해 자신이 맡은 부서 활동에 최선을 다 하며, 적극적이고 진취적으로 역할에 임하자.

일곱. 학급 구성원들과의 적극적인 교류를 통해 삶에 필요한 기본 역량을 풍부하게 키워 나가자.

여덟. 학생의 본분을 잊지 않으며 독서와 교과 학습을 열심히 해 나가자.

아홉. 부모님의 은혜와 선생님의 가르침에 항상 감사하는 마음을 갖자.

열. 평화선언문을 매 순간 기억하면서 부족한 부분에 대해서는 서로서로 도와주고 가르쳐 주자.

## 평화를 지향하는 학급 부서 활동을 위한 약속

권리부는 모두에게 평등한 기회를 주어 갈등과 폭력, 따돌림이 없는 반을 만드는 데 앞장서겠습니다.

평화부는 평화기자단과 평화봉사단 활동을 통해 우리 학급의 진실을 알리는 소통의 창구가 되는 데 앞장서겠습니다.

화목부는 끼리끼리 친하더라도 모두가 친하게 지내고 단결할 수 있도록 앞장서겠습니다.

우정부는 일기모둠을 통해 친구들이 우정을 키워 갈 수 있도록 돕는 데 앞장서겠습니다.

건강체육부는 스포츠클럽과 급식 관리를 활성화하여 건강한 반을 만드는 데 앞장서겠습니다.

학습부는 우리 반이 더욱 열심히 공부하는 반이 될 수 있도록 독서와 학습을 지원하는 데 앞장서겠습니다.

우리들은 이에 우리의 양심과 명예를 걸고 이 선언을 지지할 것을 굳게 맹세합니다.

0000년 0월 0일

○○초등학교 ○학년 ○반 학급 일동

# 평화의 세상

김경욱 시<br>
이혜미 곡

# 6막
# 화목화행의 날

# 상황에 맞는 적절한 화행 대화극 꾸미기

함께 어울려 생활하다 보면 사소한 대화로 서로 간의 감정이 상하고, 갈등과 싸움의 씨앗이 되는 경우가 많습니다. 친구에 대한 예의를 갖추고, 화목화행을 습관화하면 사전에 불화(不和)를 예방할 수 있습니다. 대화가 진행되는 단계별로 상황에 알맞은 화목화행을 적어 봅시다. 화목화행 꺾기의 묘미를 보여 주세요.

〈선택 1〉

1단계) 물: (명령조로) 야 ! 문 좀 닫아

2단계) 불: (화를 내며) 왜 나한테만 그래?

3단계) 물: (어이없다는 듯이) 네가 문 쪽이랑 가깝잖아!

4단계) 불: (단호하게) 싫어! 네가 닫아!

5단계) 물: (비꼬는 말투로) 야, 인성. 어이가 없네.

6단계) 불: (화를 내며) 뭐라고? 너 지금 나한테 뭐라고 했냐?

1. 1단계 대화에서 물이 바꾸거나 고쳐야 할 부분은 무엇이라고 생각합니까?

2. 1단계 대화를 알맞게 고쳐 봅시다.

3. 2단계 대화에서 불이 바꾸거나 고쳐야 할 부분은 무엇이라고 생각
   합니까?


4. 2단계 대화를 알맞게 고쳐 봅시다.


5. 3단계 대화에서 물이 바꾸거나 고쳐야 할 부분은 무엇이라고 생각합
   니까?


6. 3단계 대화를 알맞게 고쳐 봅시다.


7. 4단계 대화에서 불이 바꾸거나 고쳐야 할 부분은 무엇이라고 생각합
   니까?


8. 4단계 대화를 알맞게 고쳐 봅시다.


9. 5단계 대화에서 물이 바꾸거나 고쳐야 할 부분은 무엇이라고 생각합
   니까?

10. 5단계 대화를 알맞게 고쳐 봅시다.


11. 6단계 대화에서 불이 바꾸거나 고쳐야 할 부분은 무엇이라고 생각
    합니까?


12. 6단계 대화를 알맞게 고쳐 봅시다.


〈선택 2〉

1단계) 물: (상대를 노려보며) 뭘 봐?

2단계) 불: (빈정거리며) 못생겼어

3단계) 물: (비꼬는 말투로) 남 말 하고 있네!

4단계) 불: (따지듯이) 나랑 싸우자는 거냐?

5단계) 물: (화를 내며) 먼저 기분 나쁘게 쳐다본 게 누군데?

6단계) 불: (어이없다는 말투로) 야, 눈 두고 보지도 못하냐?


1. 1단계 대화에서 물이 바꾸거나 고쳐야 할 부분은 무엇이라고 생각
   합니까?


2. 1단계 대화를 알맞게 고쳐 봅시다.

3. 2단계 대화에서 불이 바꾸거나 고쳐야 할 부분은 무엇이라고 생각합니까?

4. 2단계 대화를 알맞게 고쳐 봅시다.

5. 3단계 대화에서 물이 바꾸거나 고쳐야 할 부분은 무엇이라고 생각합니까?

6. 3단계 대화를 알맞게 고쳐 봅시다.

7. 4단계 대화에서 불이 바꾸거나 고쳐야 할 부분은 무엇이라고 생각합니까?

8. 4단계 대화를 알맞게 고쳐 봅시다.

9. 5단계 대화에서 물이 바꾸거나 고쳐야 할 부분은 무엇이라고 생각합니까?

10. 5단계 대화를 알맞게 고쳐 봅시다.

11. 6단계 대화에서 불이 바꾸거나 고쳐야 할 부분은 무엇이라고 생각합니까?

12. 6단계 대화를 알맞게 고쳐 봅시다.

# 마음 운전

(서플)

김경욱 시
이혜미 곡

마음 운전

김경욱

들이밀고 마음대로 끼어드는 건 얌체 새치기고요

들이박고 급정거로 위협한 건 갑질 보복운전이고요

내 실수에 깜빡이등을 켜지 않는 건 뻔뻔함이고요

앞차가 좀 느리다고 밀어붙이는 건 지시강요지요

실수 많은 인생 내 마음 먼저 점검하며 조심운전해요

실수 많은 세상 남에게 먼저 관대하고 양보운전해요

앞차가 방해된다고 빵빵 빵빵대는 건 욕설이고요

들리지 않는다고 차 안에서 욕해 대는 건 뒷담화죠

차 사이사이 묘기 부린 건 잘난 척 난폭운전이고요

접촉사고에 먼저 삿대질부터 하는 건 폭력이지요

곡절 많은 인생 내 마음 먼저 점검하며 조심운전해요

곡절 많은 세상 남에게 먼저 관대하고 양보운전해요

다음 시를 참고해서 안전운전-인생운전-마음 운전에 대한 노래 가사 바꾸기 활동을 해 봅니다.

노가바 활동 순서 안내

1. 노래 선택하기    2. 노래의 가사를 바꿔 주기

3. 노가바한 노래를 불러 보기

말의 힘
주고받는 말

김경욱 시
이혜미 곡

# 7막

# 화목의 날

# 평화의 행진곡
## 응원가

김경욱 시
이혜미 곡

# 놀이약속을 위한 설문지

학년    반  이름:

1. 지금까지 한 놀이 중 가장 재미있다고 생각하는 놀이는 무엇입니까?

2. 위 1번에서 답한 놀이가 가장 재미있었다고 느끼는 이유는 무엇입니까?

3. 놀이를 하다가 기분이 상한 경험이 있었다면 무엇 때문이었나요?

4. 놀이가 중간에 끝난 적이 있다면 무엇 때문이었나요?

5. 놀이 파괴자는 어떤 사람이라고 생각합니까?

6. 놀이가 파괴되지 않기 위해 함께 정해야 할 약속은 무엇입니까?
   세 가지 이상 적어 보세요.

# '화목놀이의 날' 선서문

선서!

○○초등학교 ○학년 ○반 권리팀과 화목팀은 화목의 날을 맞아 '나'보다는 우리를 먼저 생각하고 친구들과 서로 도우며 규정을 준수하여 정정당당하게 경기에 임할 것을 엄숙히 선서합니다. 이에 다음과 같이 약속합니다.

하나, 비난이 아니라 격려와 응원을 나눈다.
둘, 승패보다 중요한 건 화목과 우정임을 명심한다.

0000년 0월 0일
선서자 대표: ○○○

# 8막
# 진실과 화해의 날

# 사과와 화해에 대한 설문지

학년    반  이름:

1. 살아오면서 누군가와 크게 싸우거나 심한 갈등을 겪어서, 힘들었던 적이 있나요? 어떤 이와 언제, 어떤 이유로 그랬는지 당시의 사연을 자세히 적어 보세요.

2. 싸운 뒤 사과와 화해를 한 적이 있나요? 기억에 남는 장면이 있으면 적어 보세요.

3. 나는 주로 먼저 사과하는 편인가요? 싸우거나 갈등이 생기면 적극적으로 해결하려는 편인가요? 아니면 해결될 때까지 기다리는 편인가요?

4. 사과하고 화해하고 나면 어떤 기분이 드나요? 화해하기 전과 후의 감정 변화를 비유적인 시로 표현해 봅시다(물, 불, 흙, 공기의 상태로 풍부하게 표현해 보세요).

# 진실과 화해의 시간

김경욱 시
이혜미 곡

# 평화를 위한 성찰문

| 학생<br>이름 | 담임 | | |
|---|---|---|---|
| | | | |

1. 어떤 잘못(또는 실수)을 했나요?(언제, 어디서, 무엇을, 어떻게, 왜)



2. 자신의 행동이 누구에게 어떤 피해를 주었나요? 그 행동은 어떤 권리를 침해한 것인가요?



3. 자신의 행동이 다른 사람들(교권을 침해했다면 피해 선생님 외에 다른 선생님, 학생의 권리를 침해했다면 피해 학생 외에 주변의 다른 학생들)에게는 어떤 영향을 미쳤을까요?



4. 그런 잘못(또는 실수)을 함으로써 당장 얻게 되는 이익은 무엇이고 손해는 무엇인가요?

당장 얻는 이익:

당장 얻는 손해:

5. 그런 잘못(또는 실수)을 함으로써 장기적으로 얻게 되는 이익은 무엇이고 손해는 무엇인가요?

　장기적으로 얻게 되는 이익:

　장기적으로 얻게 되는 손해:


6. 이번 일을 통해서 느낀 점은 무엇인가요?


7. 자신의 행동으로 권리를 침해받은 사람(들)에게 사과하는 말을 써 보세요.


8. 이번 일에 대해 책임질 준비가 되었는지 쓰고, 앞으로 어떻게 할 것인지 다짐하는 내용을 써 보세요.

# 9막
# 우정의 날

# 어린 왕자 이야기 각색 자료

어린 왕자: 여우야, 길들인다는 게 뭐야?

여우: 어린 왕자야, 길들인다는 건 관계를 맺는다는 뜻이야. 넌 아직 나에게는 수많은 다른 아이들과 다를 바 없는 한 소년일 뿐이야. 그래서 난 너를 필요로 하지 않아. 그리고 나도 어린 왕자 너에게는 수많은 다른 여우와 똑같은 한 마리 여우일 뿐이야. 하지만 네가 날 길들인다면, 나는 너에게 이 세상에 오직 하나밖에 없는 것이 될 거야.

여우: 어린 왕자야, 네가 날 길들인다면 내 생활은 햇빛을 받은 것처럼 환해질 거야. 나는 다른 모든 발소리와 구별되는 너의 발소리를 알게 되겠지. 다른 발소리들을 듣는 순간 나는 땅 밑 굴속으로 기어 들어가겠지만, 너의 발소리를 듣는다면 나는 땅 밑에 있는 굴속에서 밖으로 나오게 될 거야.

여우: 그리고 저길 봐. 밀밭이 보이니? 난 빵을 안 먹기 때문에 사실 밀은 내게 아무 소용이 없어. 그런데 네가 나를 길들이면 정말 근사한 일이 생길 거야. 밀밭은 금빛이니까 금빛 머리칼을 가진 너를 생각나게 할 거야. 그럼 난 밀밭뿐만 아니라 밀밭 사이를 지나가는 바람 소리까지 좋아하게 될 거야. 그러니까 부탁이야 나를 길들여 줘.

어린 왕자: 그렇구나. 여우야, 너를 길들이려면 어떻게 해야 하지?

여우: 어린 왕자야, 길들이기 위해서는 먼저 참을성이 있어야 해. 지금도 우선은 내게서 좀 떨어져서 풀밭에 앉아 있어야 해. 넌 아무 말도

하지 마. 말은 오해의 근원이니까. 하지만 날마다 조금씩 더 가까이 다가았도록 해야 해. 그리고 두 번째는 언제나 같은 시간에 나한테 오는 게 더 좋을 거야. 어린 왕자 네가 만약 아무 때나 온다면 내가 몇 시에 마음의 준비를 해야 할지 모르잖아. 그래서 우리에겐 의식이란 것이 필요한 거란다.

어린 왕자: 여우야, 의식이 뭐야?

여우: 어린 왕자야, 의식이란 어느 하루를 다른 날보다 특별하게 만들고, 어느 한 시간을 다른 시간들보다 특별하게 만드는 거지. 예를 들면, 나를 잡으러 다니는 사냥꾼들에게도 의식이 있어. 그들은 목요일이면 마을의 처녀들과 춤을 추는 의식이 있어. 그래서 목요일이면 난 포도밭까지 산책도 갈 수 있어. 그날은 내겐 정말 신나는 날이야. 사냥꾼들이 아무 때나 춤을 춘다면 내겐 휴가 같은 건 아예 없을 거야.

여우: 잘 가. 어린 왕자야. 내 비밀은 이런 거야. 아주 간단해. 마음으로 보아야만 잘 보인다는 거야. 가장 중요한 건 눈에 안 보인단다. 어린 왕자 네가 너의 장미꽃을 그토록 소중하게 여기는 건 그 꽃을 위해 바친 시간 때문이야. 사람들은 그 진리를 잊어버렸어. 하지만 넌 그걸 잊으면 안 돼. 너는 네가 길들인 것에 대해 언제까지나 책임을 져야 해. 그러니까 너는 네 장미에게 책임이 있는 거야.

어린 왕자: 여우야, 네 말이 맞아, 나는 내 장미에 대해 책임이 있어.

# 마음의 창문

김경옥 시
안양서 꿈꾸는 아이들 곡
전소연 지도

눈 을보-아 요 내 려 보지-말 고 곁눈 질하지-도말-아요 눈 길 에서- 마음을 봐요-

손 내밀- 어 요 굳세 고 부드- 럽고 믿음 직 하게-내밀- 어요-손 길 에서마음- 전 해

요 대 화 를 나눠요- 말로 이기려하지말고- 말에 옴 추 려 들지- 도

말 아 요 대 화 속 -에서- 너 의 마음을- 보고- 대 화 속 에서-내마음을전-해

요 멈 춰 서 보아요- 깊 - 이 보아요- 한참 을 보아요- 다르

게 보아요- 맑은 눈 - 으로- 있 는그 - 대로- 봐요- 마 음 의 창 문 을열- 어

요 창 문 을 잠 그 지않- 아 요

# 친구의 눈 그리기 학습지

학년    반  이름:

# 10막
# 평화세상을 함께
# 꿈꾸는 날

# 따뜻한 아이들

김경욱 시
이혜미 곡

지금 함께 하는 - 우리반 아이 들아 따뜻한 아이 들 아 우리

가 는 이 길 - 이 어 두 울 지 라 도 발 맞 춰 함 께 가 자 가 정

이 화 목 하 면 모 든 일 이루어지듯 우리교실도화목하면은모두 함 께 갈 수 있 다

쓰 러 져 도 - 다시일 어설수있 - 다 파란하 늘 을 다 시 품을수가 있 다

서 러 워 도 - 다시웃 을수가있 - 다 다시 달 릴 수 있 다

# 후속 자료

# 1학기를 돌아보며, 학급교육과정 운영을 위한 설문

1. 우리 학급의 평화규칙은 잘 지켜졌다고 생각하나요?
   1) 매우 그렇다  2) 그렇다  3) 보통이다  4) 아니다  5) 전혀 아니다

2. 1번과 같이 생각하는 이유는 무엇입니까?



3. 우리 학급의 수업규칙은 잘 지켜졌다고 생각하나요?
   1) 매우 그렇다  2) 그렇다  3) 보통이다  4) 아니다  5) 전혀 아니다

4. 3번과 같이 생각하는 이유는 무엇입니까?



5. 1학기에 내가 담당했던 부서와 맡은 역할은 무엇인지 쓰세요.



6. 위 5번에서 나의 책임과 역할을 잘 수행했는지 스스로 평가해서 답
   해 보고, 그렇게 생각한 이유를 쓰세요.

7. 위 6번에서 답한 1학기 나의 부서 활동에 대한 평가를 생각하며 2학기의 계획과 다짐을 써 보세요.

8. 1학기 동안 기억에 남고 보람된 학급교육과정(학년 공통 활동 제외) 활동은 무엇이었나요? 보기를 참고하여 1순위부터 5순위까지 써 보세요.

| | |
|---|---|
| * 평화규칙 제정 | * 학급 임원 선거(기자회견) |
| * 평화의 노래 배우기 | * 평화선서식 |
| * 부서 조직 및 부서별 활동 | * 평화의 열매 출판 |
| * 온 읽기 독후 활동 | * 모둠 미션 활동 |
| * 화목놀이 - 팀 대항 경기 활동 | * 단체 율동 익히기 |
| * 화목놀이 - 어울림놀이 | * 과자파티와 음식 만들기 행사 |
| 기타 적기 (                    ) | |

1.

2.

3.

4.

5.

9. 2학기 학급 교육 활동에서 이건 꼭 했으면 좋겠다고 생각하는 것이 있다면, 자신의 바람이 잘 드러나도록 써 주세요.

10. 1학기에 우리 학급에서 생활하면서 힘들었던 점은 무엇인가요?
   (중복 응답 가능)
   1) 심한 놀림이나 장난
   2) 친구와의 어울림 문제
   3) 공부, 시험
   4) 숙제
   5) 기타: (직접 쓰기)

11. 다음 중 우리 학급이 좀 더 신경 썼으면 하는 덕목은 무엇입니까?
   1) 권리(개인과 집단의 기본 약속과 규칙)
   2) 평화(센 척과 갑질이 아닌 평화로운 갈등 해결)
   3) 화목(모두가 친근하고 화목한 교류)
   4) 우정 (진실된 자기우정과 타인과의 우정 만들기)
   5) 기타 :

12. 우리 반은 수업 규칙을 어겼을 때 교실 뒤에 집중하며 서 있기, 평화 성찰문 쓰기, 청소하기 등으로 자신의 행동에 대한 책임을 지도록 했습니다. 이에 대해 문제점이나 보완할 사항이 있다면 적어 주세요.

13. 선생님은 여러가지 방법으로 보상 활동을 해 왔습니다. 보상에 대한 의견이 있다면 적어 주세요.

14. 우리 학급은 요일 청소제를 운영하고 있습니다. 문제점과 보완 사항. 새로운 의견이 있으면 써 주세요.

15. 1학기 우리 학급의 명장면을 꼽는다면?

16. 1학기를 마무리하며 8자시(8 곱하기 4글자)를 적어 봅시다.
   예〉 상큼했던 첫만남이(8글자) 7월까지 이어지고(8글자)
   
   　　우리학급 권평화우(8글자) 수준높게 발전하네(8글자)

# 2학기 학급생활을 위한 설문 활동

1. 1학기 학급생활에서 힘들었던 점이 있다면 무엇인가요?

    1) 친구들의 놀림이나 장난    2) 친구와의 갈등    3) 공부, 시험

    4) 숙제    5) 글쓰기, 창작활동    6) 없다   7) 기타: (직접 쓰기)


2. 학급 목표를 이루기 위해 우리 학급이 좀 더 분발해야 할 부분이 있다면 무엇이라고 생각하나요?

    1) 권리(개인과 집단의 기본 약속과 규칙)

    2) 평화(센 척과 갑질이 아닌 평화로운 갈등 해결)

    3) 화목(모두가 친근하고 화목한 교류)

    4) 우정(진실된 자기우정과 타인과의 우정 만들기)


3. 학급 평화규칙 중 잘 지켜지지 않는 것은 무엇인가요? 각 항목에 해당되는 내용을 써 주세요.

    1) 생활규칙 -

    2) 수업규칙 -

    3) 놀이규칙 -

    4) 청소규칙 -

4. 2학기에도 꼭 했으면 하는 활동은 무엇인가요? 원하는 활동에 모두 동그라미 하세요.

1) 우리 학급 대인 추천 활동

2) 학급 서사집 (월간, 계간, 학기 문집) 제작

3) 환영회와 송별회

4) 화목놀이 활동

5) 소감 나누기 서클 활동

6) 진실과 화해의 시간 운영

7) 공과격 점검 활동

8) 평화의 노래 배우기

9) 자기우정의 시간 운영

10) 시와 글을 통한 인생공부

5. 교실 평화 만들기 활동에 대해 좋은 의견이 있으면 마음껏 써 주세요.

# 학급 집단 응집력 분석을 통한 설문 활동

이름:

　다음은 우리 반 친구들이 들려준 다양한 의견입니다. 자신이 동의하는 부분에 모두 표시해 주세요.

1. 우리 학급에 영향력이 큰 소그룹이 있다는 걸 어떤 때, 어떻게 느끼나요?

　　같이 노는 아이들 수가 많을 때 (　　)

　　어떤 방향으로 의견을 몰아갈 때 (　　)

　　그룹에 있는 아이들의 목소리가 클 때 (　　)

　　큰 목소리로 우길 때 (　　)

　　그들끼리 뭉치거나 모여서 낄낄거릴 때 (　　)

　　그 그룹 아이들이 친구들에게 인기가 많을 때 (　　)

2. 내가 속한 그룹과 다른 그룹이 경쟁관계에 있다고 느껴질 때는 언제인가요?

　　누가누가 재미있게 노는지 (　　)

　　서로 간의 마음이 잘 안 맞을 때 (　　)

　　기타 (　　)

3. 소그룹 사이에 경쟁관계가 형성되는 원인은 무엇이라고 생각하나요?

질투 (　　)

싸움 (　　)

기타 (　　)


4. 끼리끼리 어울려도 모두가 사이좋아 화목이 꽃핀 세상을 만들어 가
기 위해 필요한 노력을 써 주세요.

내가 할 수 있는 노력은?

친구들이 해 줬으면 하는 노력은?

선생님이 해 주셨으면 하는 노력은?

# 학급 집단 응집력 분석

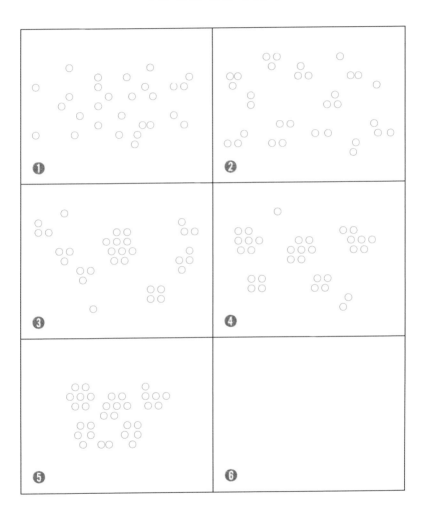

1. 우리 학급의 유형과 가장 유사한 것은 몇 번인지 써 보세요.

(1) 우리 학급 유형이 없거나, 칸이 작으면 ❻번에 우리 학급 유형의 모습을 ○를 이용해 그리세요.

(2) ○에 해당하는 아이들의 이름을 적어 보세요(담임선생님도 필요하면 포함시킬 것).

(3) 영향력이 있는 아이의 경우 ○를 크게 표시하세요.

(4) 1번에서 고른 학급 유형에서 자기는 어느 위치에 있는지 까맣게 색칠하세요.


2. 우리 학급의 유형이 ❸ 또는 ❹, 혹은 ❺라고 생각하는 경우 각 소그룹이 어떤 관계인지 표시해 보세요. 큰 소그룹은 원으로 묶을 것, 친밀한 소그룹끼리는 점선(…)으로 연결할 것, 경쟁관계나 충돌하는 소그룹은 ↔로 표시할 것, 교류하는 관계는 ⇄ 으로 표시할 것.

(1) 원으로 묶은 큰 소그룹이 있다고 응답한 경우, 그들의 영향력이 느껴질 때는 언제인가요?




(2) 우리 반에 영향력이 큰 소그룹이 있을 때, 그 그룹에게 영향력이 생긴 원인은 무엇인가요?

(3) 경쟁관계에 놓인 소그룹이 있다고 표시한 경우, 그들의 경쟁이 느껴질 때는 언제인가요?

(4) 우리 반에 경쟁관계가 있는 그룹들이 있을 때, 경쟁관계가 형성된 원인은 무엇인가요?

3. 내가 생각하는 이상적인 학급의 유형은 어떤 것인지 그려 보세요.

# (　　　)의 공과격

공과격: 공덕이 되는 것과 잘못이 되는 것을 만든 표

| 주제 | 구분 | 내용 | 공과 | | | | |
|---|---|---|---|---|---|---|---|
| 생활규칙 | 공 | 화목하게 지내기 위한 노력<br>(적극적인 교류와 나눔) | 30 | | | | |
| | | 대인배가 되려는 노력<br>(도움, 양보, 이해, 봉사, 희생) | 40 | | | | |
| | | 예의, 예절 갖추기 | 30 | | | | |
| | 과 | 친구를 놀리고, 따돌림, 괴롭힘 | -30 | | | | |
| | | 나쁜인 소인배의 생활 (경쟁심, 이기심) | -40 | | | | |
| | | 친구에게 센 척하기<br>친구 물건 함부로 사용하기 | -30 | | | | |
| | | ① 학급약속 합계 | 100 | | | | |
| 수업규칙 | 공 | 바른 자세로 수업에 집중(경청) | 10 | | | | |
| | | 수업 준비와 시간 약속 | 10 | | | | |
| | | 발표와 활동에 적극적으로 참여하기 | 10 | | | | |
| | | 수업 과제 해결에 최선 다하기 | 20 | | | | |
| | 과 | 끼어들기, 흐름 끊기 | -10 | | | | |
| | | 떠들기, 장난치기 | -10 | | | | |
| | | 교과서, 공책 준비 | -10 | | | | |
| | | 숙제, 과제 활동 안 하거나, 대충 하기 | -20 | | | | |
| | | ② 수업규칙 합계 | 50 | | | | |

| | | | | | | | |
|---|---|---|---|---|---|---|---|
| 화목화행 | 공 | 명령형이 아닌 부탁하는 말을 하기 | 10 | | | | |
| | | 위로하고 격려하기 | 10 | | | | |
| | | 잘못 인정하고 사과하기 | 10 | | | | |
| | | 거짓말 안 하고 솔직하고 진실하게 말하기 | 20 | | | | |
| | 과 | 놀림, 비꼬는 말, 트집 잡기, 뒷담화, 흉보기 | -20 | | | | |
| | | 쉽게 동조하는 말하기 | -10 | | | | |
| | | 거친 말 / 욕 | -20 | | | | |
| | | ③ 화목화행 합계 | 50 | | | | |
| 할 일 | 공 | 급식 골고루 남김없이 먹기 | 10 | | | | |
| | | 부서 활동 최선 다하기 | 10 | | | | |
| | | 청소당번 활동 최선 다하기 | 10 | | | | |
| | | 가정에서의 공(효도, 우애) | 20 | | | | |
| | 과 | 편식, 잔반 남기기, 몰래 군것질하기 | -10 | | | | |
| | | 부서 활동 열심히 안 함 | -10 | | | | |
| | | 청소를 대충하고 떠넘김 | -10 | | | | |
| | | 가정에서의 과(불효, 불화) | -20 | | | | |
| | | ④ 할 일 합계 | 50 | | | | |
| | | 총 합 ①+②+③+④ | 250 | | | | |

# 삶의 행복을 꿈꾸는 교육은 어디에서 오는가?

미래 100년을 향한 새로운 교육 혁신교육을 실천하는 교사들의 필독서

## ▶ 교육혁명을 앞당기는 배움책 이야기
혁신교육의 철학과 잉걸진 미래를 만나다!

### 한국교육연구네트워크 총서

01 핀란드 교육혁명
한국교육연구네트워크 엮음 | 320쪽 | 값 15,000원

02 일제고사를 넘어서
한국교육연구네트워크 엮음 | 284쪽 | 값 13,000원

03 새로운 사회를 여는 교육혁명
한국교육연구네트워크 엮음 | 380쪽 | 값 17,000원

04 교장제도 혁명
한국교육연구네트워크 엮음 | 268쪽 | 값 14,000원

05 새로운 사회를 여는 교육자치 혁명
한국교육연구네트워크 엮음 | 312쪽 | 값 15,000원

06 혁신학교에 대한 교육학적 성찰
한국교육연구네트워크 엮음 | 308쪽 | 값 15,000원

07 진보주의 교육의 세계적 동향
한국교육연구네트워크 엮음 | 324쪽 | 값 17,000원
2018 세종도서 학술부문

08 더 나은 세상을 위한 학교혁명
한국교육연구네트워크 엮음 | 404쪽 | 값 21,000원
2018 세종도서 교양부문

혁신학교
성열관·이순철 지음 | 224쪽 | 값 12,000원

행복한 혁신학교 만들기
초등교육과정연구모임 지음 | 264쪽 | 값 13,000원

서울형 혁신학교 이야기
이부영 지음 | 320쪽 | 값 15,000원

혁신교육, 철학을 만나다
브렌트 데이비스·데니스 수마라 지음
현인철·서용선 옮김 | 304쪽 | 값 15,000원

혁신교육 존 듀이에게 묻다
서용선 지음 | 292쪽 | 값 14,000원

다시 읽는 조선 교육사
이만규 지음 | 750쪽 | 값 33,000원

대한민국 교육혁명
교육혁명공동행동 연구위원회 지음 | 224쪽 | 값 12,000원

### 한국교육연구네트워크 번역 총서

01 프레이리와 교육
존 엘리아스 지음 | 한국교육연구네트워크 옮김
276쪽 | 값 14,000원

02 교육은 사회를 바꿀 수 있을까?
마이클 애플 지음 | 강희룡·김선우·박원순·이형빈 옮김
356쪽 | 값 16,000원

03 비판적 페다고지는
세상을 변화시킬 수 있는가?
Seewha Cho 지음 | 심성보·조시화 옮김 | 280쪽 | 값 14,000원

04 마이클 애플의 민주학교
마이클 애플·제임스 빈 엮음 | 강희룡 옮김 | 276쪽 | 값 14,000원

05 21세기 교육과 민주주의
넬 나딩스 지음 | 심성보 옮김 | 392쪽 | 값 18,000원

06 세계교육개혁:
민영화 우선인가 공적 투자 강화인가?
린다 달링-해먼드 외 지음 | 심성보 외 옮김 | 408쪽 | 값 21,000원

대한민국 교사, 어떻게 가르칠 것인가?
윤성관 지음 | 320쪽 | 값 15,000원

아이들을 어떻게 가르칠 것인가
사토 마나부 지음 | 박찬영 옮김 | 232쪽 | 값 13,000원

모두를 위한 국제이해교육
한국국제이해교육학회 지음 | 364쪽 | 값 16,000원

경쟁을 넘어 발달 교육으로
현광일 지음 | 288쪽 | 값 14,000원

독일 교육, 왜 강한가?
박성희 지음 | 324쪽 | 값 15,000원

핀란드 교육의 기적
한넬레 니에미 외 엮음 | 장수명 외 옮김 | 456쪽 | 값 23,000원

한국 교육의 현실과 전망
심성보 지음 | 724쪽 | 값 35,000원

## ▶ 비고츠키 선집 시리즈
발달과 협력의 교육학 어떻게 읽을 것인가?

 **생각과 말**
레프 세묘노비치 비고츠키 지음
배희철·김용호·D. 켈로그 옮김 | 690쪽 | 값 33,000원

 **도구와 기호**
비고츠키·루리야 지음 | 비고츠키 연구회 옮김
336쪽 | 값 16,000원

 **어린이 자기행동숙달의 역사와 발달 I**
L.S. 비고츠키 지음 | 비고츠키 연구회 옮김
564쪽 | 값 28,000원

 **어린이 자기행동숙달의 역사와 발달 II**
L.S. 비고츠키 지음 | 비고츠키 연구회 옮김
552쪽 | 값 28,000원

 **어린이의 상상과 창조**
L.S. 비고츠키 지음 | 비고츠키 연구회 옮김
280쪽 | 값 15,000원

 **연령과 위기**
L.S. 비고츠키 지음 | 비고츠키 연구회 옮김
336쪽 | 값 17,000원

 **수업과 수업 사이**
비고츠키 연구회 지음 | 196쪽 | 값 12,000원

 **비고츠키의 발달교육이란 무엇인가?**
비고츠키교육학실천연구모임 지음 | 412쪽 | 값 21,000원

 **성장과 분화**
L.S. 비고츠키 지음 | 비고츠키 연구회 옮김
308쪽 | 값 15,000원

 **의식과 숙달**
L.S 비고츠키 | 비고츠키 연구회 옮김
348쪽 | 값 17,000원

 **분열과 사랑**
L.S. 비고츠키 지음 | 비고츠키연구회 옮김
260쪽 | 값 16,000

 **관계의 교육학, 비고츠키**
진보교육연구소 비고츠키교육학실천연구모임 지음
300쪽 | 값 15,000원

 **비고츠키 생각과 말 쉽게 읽기**
진보교육연구소 비고츠키교육학실천연구모임 지음
316쪽 | 값 15,000원

 **비고츠키와 인지 발달의 비밀**
A.R. 루리야 지음 | 배희철 옮김 | 280쪽 | 값 15,000원

 **교사와 부모를 위한 비고츠키 교육학**
카르포프 지음 | 실천교사번역팀 옮김 | 308쪽 | 값 15,000원

## ▶ 살림터 참교육 문예 시리즈
영혼이 있는 삶을 가르치는 온 선생님을 만나다!

 **꽃보다 귀한 우리 아이는**
조재도 지음 | 244쪽 | 값 12,000원

 **성깔 있는 나무들**
최은숙 지음 | 244쪽 | 값 12,000원

 **아이들에게 세상을 배웠네**
명혜정 지음 | 240쪽 | 값 12,000원

 **밥상에서 세상으로**
김흥숙 지음 | 280쪽 | 값 13,000원

 **우물쭈물하다 끝난 교사 이야기**
유기창 지음 | 380쪽 | 값 17,000원

 **선생님이 먼저 때렸는데요**
강병철 지음 | 248쪽 | 값 12,000원

 **서울 여자, 시골 선생님 되다**
조경선 지음 | 252쪽 | 값 12,000원

 **행복한 창의 교육**
최창의 지음 | 328쪽 | 값 15,000원

 **북유럽 교육 기행**
정애경 외 14인 지음 | 288쪽 | 값 14,000원

## ▶ 4·16, 질문이 있는 교실 마주이야기
통합수업으로 혁신교육과정을 재구성하다!

### 통하는 공부
김태호·김형우·이경석·심우근·허진만 지음
324쪽 | 값 15,000원

### 내일 수업 어떻게 하지?
아이함께 지음 | 300쪽 | 값 15,000원
2015 세종도서 교양부문

### 인간 회복의 교육
성래운 지음 | 260쪽 | 값 13,000원

### 교과서 너머 교육과정 마주하기
이윤미 외 지음 | 368쪽 | 값 17,000원

### 수업 고수들 수업·교육과정·평가를 말하다
박현숙 외 지음 | 368쪽 | 값 17,000원

### 도덕 수업, 책으로 묻고 윤리로 답하다
울산도덕교사모임 지음 | 320쪽 | 값 15,000원

### 체육 교사, 수업을 말하다
전용진 지음 | 304쪽 | 값 15,000원

### 교실을 위한 프레이리
아이러 쇼어 엮음 | 사람대사람 옮김 | 412쪽 | 값 18,000원

### 마을교육공동체란 무엇인가?
서용선 외 지음 | 360쪽 | 값 17,000원

### 교사, 학교를 바꾸다
정진화 지음 | 372쪽 | 값 17,000원

### 함께 배움
학생 주도 배움 중심 수업 이렇게 한다
니시카와 준 지음 | 백경석 옮김 | 280쪽 | 값 15,000원

### 공교육은 왜?
홍섭근 지음 | 352쪽 | 값 16,000원

자기혁신과 공동의 성장을 위한
### 교사들의 필리버스터
윤양수·원종희·장군·조경삼 지음 | 280쪽 | 값 14,000원

### 함께 배움 이렇게 시작한다
니시카와 준 지음 | 백경석 옮김 | 196쪽 | 값 12,000원

### 함께 배움 교사의 말하기
니시카와 준 지음 | 백경석 옮김 | 188쪽 | 값 12,000원

### 교육과정 통합, 어떻게 할 것인가?
성열관 외 지음 | 192쪽 | 값 13,000원

### 미래교육의 열쇠, 창의적 문화교육
심광현·노영준·강정석 지음 | 368쪽 | 값 16,000원

### 주제통합수업, 아이들을 수업의 주인공으로!
이윤미 외 지음 | 392쪽 | 값 17,000원

### 수업과 교육의 지평을 확장하는 수업 비평
윤양수 지음 | 316쪽 | 값 15,000원
2014 문화체육관광부 우수교양도서

### 교사, 선생이 되다
김태은 외 지음 | 260쪽 | 값 13,000원

### 교사의 전문성, 어떻게 만들어지나
국제교원노조연맹 보고서 | 김석규 옮김 392쪽 | 값 17,000원

### 수업의 정치
윤양수·원종희·장군 지음 | 280쪽 | 값 14,000원

### 학교협동조합,
현장체험학습과 마을교육공동체를 잇다
주수원 외 지음 | 296쪽 | 값 15,000원

### 거꾸로교실,
잠자는 아이들을 깨우는 수업의 비밀
이민경 지음 | 280쪽 | 값 14,000원

### 교사는 무엇으로 사는가
정은균 지음 | 292쪽 | 값 15,000원

### 마음의 힘을 기르는 감성수업
조선미 외 지음 | 300쪽 | 값 15,000원

### 작은 학교 아이들
지경준 엮음 | 376쪽 | 값 17,000원

### 아이들의 배움은 어떻게 깊어지는가
이시이 준지 지음 | 방지현·이창희 옮김 | 200쪽 | 값 11,000원

### 대한민국 입시혁명
참교육연구소 입시연구팀 지음 | 220쪽 | 값 12,000원

### 교사를 세우는 교육과정
박승열 지음 | 312쪽 | 값 15,000원

전국 17명 교육감들과 나눈
### 교육 대담
최창의 대담·기록 | 272쪽 | 값 15,000원

들뢰즈와 가타리를 통해
### 유아교육 읽기
리세롯 마리엣 올슨 지음 | 이연선 외 옮김 | 328쪽 | 값 17,000원

**학교 혁신의 길, 아이들에게 묻다**
남궁상운 외 지음 | 272쪽 | 값 15,000원

**프레이리의 사상과 실천**
사람대사람 지음 | 352쪽 | 값 18,000원
2018 세종도서 학술부문

**혁신학교, 한국 교육의 미래를 열다**
송순재 외 지음 | 608쪽 | 값 30,000원

**페다고지를 위하여**
프레네의 『페다고지 불변요소』 읽기
박찬영 지음 | 296쪽 | 값 15,000원

**노자와 탈현대 문명**
홍승표 지음 | 284쪽 | 값 15,000원

**선생님, 민주시민교육이 뭐예요?**
염경미 지음 | 244쪽 | 값 15,000원

**어쩌다 혁신학교**
유우석 외 지음 | 380쪽 | 값 17,000원

**미래, 교육을 묻다**
정광필 지음 | 232쪽 | 값 15,000원

**대학, 협동조합으로 교육하라**
박주희 외 지음 | 252쪽 | 값 15,000원

**입시, 어떻게 바꿀 것인가?**
노기원 지음 | 306쪽 | 값 15,000원

**촛불시대, 혁신교육을 말하다**
이용관 지음 | 240쪽 | 값 15,000원

**라운드 스터디**
이시이 데루마사 외 엮음 | 224쪽 | 값 15,000원

**미래교육을 디자인하는 학교교육과정**
박승열 외 지음 | 348쪽 | 값 18,000원

**흥미진진한 아일랜드 전환학년 이야기**
제리 제퍼스 지음 | 최상덕·김호원 옮김 | 508쪽 | 값 27,000원

**폭력 교실에 맞서는 용기**
따돌림사회연구모임 학급운영팀 지음 | 272쪽 | 값 15,000원

**학교 민주주의의 불한당들**
정은균 지음 | 276쪽 | 값 14,000원

**교육과정, 수업, 평가의 일체화**
리사 카터 지음 | 박승열 외 옮김 | 196쪽 | 값 13,000원

**학교를 개선하는 교장**
지속가능한 학교 혁신을 위한 실천 전략
마이클 풀란 지음 | 서동연·정효준 옮김 | 216쪽 | 값 13,000원

**공자뎐, 논어는 이것이다**
유문상 지음 | 392쪽 | 값 18,000원

교사와 부모를 위한
**발달교육이란 무엇인가?**
현광일 지음 | 380쪽 | 값 18,000원

**교사, 이오덕에게 길을 묻다**
이무완 지음 | 328쪽 | 값 15,000원

**낙오자 없는 스웨덴 교육**
레이프 스트란드베리 지음 | 변광수 옮김 | 208쪽 | 값 13,000원

**끝나지 않은 마지막 수업**
장석웅 지음 | 328쪽 | 값 20,000원

**경기꿈의학교**
진흥섭 외 지음 | 360쪽 | 값 17,000원

**학교를 말한다**
이성우 지음 | 292쪽 | 값 15,000원

**행복도시 세종, 혁신교육으로 디자인하다**
곽순일 외 지음 | 392쪽 | 값 18,000원

**나는 거꾸로 교실 거꾸로 교사**
류광모·임정훈 지음 | 212쪽 | 값 13,000원

**교실 속으로 간 이해중심 교육과정**
온정덕 외 지음 | 224쪽 | 값 13,000원

**교실, 평화를 말하다**
따돌림사회연구모임 초등우정팀 지음 | 268쪽 | 값 15,000원

**학급 혁명 10일의 기록**
따돌림사회연구모임 초등우정팀 지음 | 308쪽 | 값 16,000원

## ▶ 교과서 밖에서 만나는 역사 교실
상식이 통하는 살아 있는 역사를 만나다

**전봉준과 동학농민혁명**
조광환 지음 | 336쪽 | 값 15,000원

**교과서 밖에서 배우는 역사 공부**
정은교 지음 | 292쪽 | 값 14,000원

**남도의 기억을 걷다**
노성태 지음 | 344쪽 | 값 14,000원

**팔만대장경도 모르면 빨래판이다**
전병철 지음 | 360쪽 | 값 16,000원

**응답하라 한국사 1·2**
김은석 지음 | 356쪽·368쪽 | 각권 값 15,000원

**빨래판도 잘 보면 팔만대장경이다**
전병철 지음 | 360쪽 | 값 16,000원

**즐거운 국사수업 32강**
김남선 지음 | 280쪽 | 값 11,000원

**영화는 역사다**
강성률 지음 | 288쪽 | 값 13,000원

**즐거운 세계사 수업**
김은석 지음 | 328쪽 | 값 13,000원

**친일 영화의 해부학**
강성률 지음 | 264쪽 | 값 15,000원

**강화도의 기억을 걷다**
최보길 지음 | 276쪽 | 값 14,000원

**한국 고대사의 비밀**
김은석 지음 | 304쪽 | 값 13,000원

**광주의 기억을 걷다**
노성태 지음 | 348쪽 | 값 15,000원

**조선족 근현대 교육사**
정미량 지음 | 320쪽 | 값 15,000원

**선생님도 궁금해하는 한국사의 비밀 20가지**
김은석 지음 | 312쪽 | 값 15,000원

**다시 읽는 조선근대교육의 사상과 운동**
윤건차 지음 | 이명실·심성보 옮김 | 516쪽 | 값 25,000원

**걸림돌**
키르스텐 세룹-빌펠트 지음 | 문봉애 옮김
248쪽 | 값 13,000원

**음악과 함께 떠나는 세계의 혁명 이야기**
조광환 지음 | 292쪽 | 값 15,000원

**역사수업을 부탁해**
열 사람의 한 걸음 지음 | 388쪽 | 값 18,000원

**논쟁으로 보는 일본 근대교육의 역사**
이명실 지음 | 324쪽 | 값 17,000원

**진실과 거짓, 인물 한국사**
하성환 지음 | 400쪽 | 값 18,000원

**다시, 독립의 기억을 걷다**
노성태 지음 | 320쪽 | 값 16,000원

---

## ▶ 평화샘 프로젝트 매뉴얼 시리즈
학교폭력에 대한 근본적인 예방과 대책을 찾는다

**학교폭력 어떻게 만들어지는가**
문재현 외 지음 | 300쪽 | 값 14,000원

**아이들을 살리는 동네**
문재현·신동명·김수동 지음 | 204쪽 | 값 10,000원

**학교폭력, 멈춰!**
문재현 외 지음 | 348쪽 | 값 15,000원

**평화! 행복한 학교의 시작**
문재현 외 지음 | 252쪽 | 값 12,000원

**왕따, 이렇게 해결할 수 있다**
문재현 외 지음 | 236쪽 | 값 12,000원

**마을에 배움의 길이 있다**
문재현 지음 | 208쪽 | 값 10,000원

**젊은 부모를 위한 백만 년의 육아 슬기**
문재현 지음 | 248쪽 | 값 13,000원

**별자리, 인류의 이야기 주머니**
문재현·문한뫼 지음 | 444쪽 | 값 20,000원

**우리는 마을에 산다**
유양우·신동명·김수동·문재현 지음 | 312쪽 | 값 15,000원

## ▶ 더불어 사는 정의로운 세상을 여는 인문사회과학
사람의 존엄과 평등의 가치를 배운다

**밥상혁명**
강양구·강이현 지음 | 298쪽 | 값 13,800원

**좌우지간 인권이다**
안경환 지음 | 288쪽 | 값 13,000원

**도덕 교과서 무엇이 문제인가?**
김대용 지음 | 272쪽 | 값 14,000원

**민주시민교육**
심성보 지음 | 544쪽 | 값 25,000원

**자율주의와 진보교육**
조엘 스프링 지음 | 심성보 옮김 | 320쪽 | 값 15,000원

**민주시민을 위한 도덕교육**
심성보 지음 | 500쪽 | 값 25,000원
2015 세종도서 학술부문

**민주화 이후의 공동체 교육**
심성보 지음 | 392쪽 | 값 15,000원
2009 문화체육관광부 우수학술도서

**교과서 밖에서 배우는 인문학 공부**
정은교 지음 | 280쪽 | 값 13,000원

**갈등을 넘어 협력 사회로**
이창언·오수길·유문종·신윤관 지음 | 280쪽 | 값 15,000원

**오래된 미래교육**
정재걸 지음 | 392쪽 | 값 18,000원

**동양사상과 마음교육**
정재걸 외 지음 | 356쪽 | 값 16,000원
2015 세종도서 학술부문

**대한민국 의료혁명**
전국보건의료산업노동조합 엮음 | 548쪽 | 값 25,000원

**교과서 밖에서 배우는 철학 공부**
정은교 지음 | 280쪽 | 값 14,000원

**교과서 밖에서 배우는 고전 공부**
정은교 지음 | 288쪽 | 값 14,000원

**교과서 밖에서 배우는 사회 공부**
정은교 지음 | 304쪽 | 값 15,000원

**전체 안의 전체 사고 속의 사고**
김우창의 인문학을 읽다
현광일 지음 | 320쪽 | 값 15,000원

**교과서 밖에서 배우는 윤리 공부**
정은교 지음 | 292쪽 | 값 15,000원

**카스트로, 종교를 말하다**
피델 카스트로·프레이 베토 대담 | 조세종 옮김
420쪽 | 값 21,000원

**한글 혁명**
김슬옹 지음 | 388쪽 | 값 18,000원

**일제강점기 한국철학**
이태우 지음 | 448쪽 | 값 25,000원

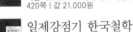

---

## ▶ 창의적인 협력 수업을 지향하는 삶이 있는 국어 교실
우리말 글을 배우며 세상을 배운다

**중학교 국어 수업 어떻게 할 것인가?**
김미경 지음 | 340쪽 | 값 15,000원

**토론의 숲에서 나를 만나다**
명혜정 엮음 | 312쪽 | 값 15,000원

**토닥토닥 토론해요**
명혜정·이명선·조선미 엮음 | 288쪽 | 값 15,000원

**인문학의 숲을 거니는 토론 수업**
순천국어교사모임 엮음 | 308쪽 | 값 15,000원

**어린이와 시**
오인태 지음 | 192쪽 | 값 12,000원

**수업, 슬로리딩과 함께**
박경숙 외 지음 | 268쪽 | 값 15,000원

## ▶ 남북이 하나 되는 두물머리 평화교육
분단 극복을 위한 치열한 배움과 실천을 만나다

 **10년 후 통일**
정동영·지승호 지음 | 328쪽 | 값 15,000원

 **선생님, 통일이 뭐예요?**
정경호 지음 | 252쪽 | 값 13,000원

 **분단시대의 통일교육**
성래운 지음 | 428쪽 | 값 18,000원

 **김창환 교수의 DMZ 지리 이야기**
김창환 지음 | 264쪽 | 값 15,000원

 **한반도 평화교육 어떻게 할 것인가**
이기범 외 지음 | 252쪽 | 값 15,000원

---

## ▶ 출간 예정

근간 **한국 교육 제4의 길을 찾다**
이길상 지음

근간 **우리 안의 미래 교육**
정재걸 지음

근간 **마을교육공동체 운동의 역사와 미래**
김용련 지음

근간 **선생님, 페미니즘이 뭐예요?**
염경미 지음

근간 **언어던**
정은균 지음

근간 **경남 역사의 기억을 걷다**
류형진 외 지음

근간 **교육이성 비판**
조상식 지음

근간 **인성교육의 철학과 방법**
박제순 지음

근간 **식물의 교육학**
이차영 지음

근간 **교사 전쟁**
Dana Goldstein 지음 | 유성상 외 옮김

근간 **콩도르세, 공교육에 관한 다섯 논문**
혁명 프랑스에 공교육의 기초를 묻다
니콜라 드 콩도르세 지음 | 이주환 옮김

근간 **자유학기제란 무엇인가?**
최상덕 지음

근간 **신채호, 역사란 무엇인가?**
이주영 지음

근간 **한국 교육 어디서 와서 어디로 가는가?**
이주영 지음

근간 **민·관·학 협치 시대를 여는
마을교육공동체 만들기**
김태정 지음

근간 **삶을 위한
국어교육과정, 어떻게 만들 것인가?**
명혜정 지음

근간 **민주주의와 교육**
Pilar Ocadiz, Pia Wong, Carlos Torres 지음 | 유성상 옮김

근간 **마을수업, 마을교육과정!**
서용선·백윤애 지음

근간 **미국의 진보주의 교육 운동사**
윌리엄 헤이스 지음 | 심성보 외 옮김

근간 **즐거운 동아시아 수업**
김은석 지음

근간 **민주시민교육을 위한
역사수업 어떻게 할 것인가?**
황현정 지음

근간 **혁신학교,
다함께 만들어 가는 강명초 5년 이야기**
이부영 지음